Minha Vida, Minha Fé II

"Levante-se, refulja!
Porque chegou a sua luz,
e a glória do SENHOR raia sobre você."
(Isaías 60:1)

Minha Vida, Minha Fé II

Dr. Jaerock Lee

URIM BOOKS

MINHA VIDA, MINHA FÉ II por Dr. Jaerock Lee Publicado
por Livros Urim (Representante: Kyungtae Noh) 73,
Yeouidaebang Ro 22 Gil, Dongjak Gu, Seul, Coréia do Sul
www.urimbooks.com

Os textos das referências bíblicas foram extraídos da Bíblia de Nova Versão
Internacional (NVI), salvo indicação específica. Utilizado sob permissão.

Publicado anteriormente em coreano pela Imprensa Cristã (Christian Press),
em 2006

Primeira Publicação em Fevereiro de 2012

Editado por Eunmi Lee
Tradução Inglês-Português: Ana Gabriela Baêta e Álvaro César Ramírez
Revisão Português: Éber Assis dos Santos e Vânia Maria Costa Sá dos
Santos Design criado pelo Editorial da Livros Urim
Para mais informações, entre em contato: urimbook@hotmail.com

A Evidência do Poder e da Existência do Espírito Santo

O tempo não espera por ninguém. Deus, no entanto, tem paciência e esperará até o fim, para que a humanidade se arrependa e receba salvação. Nos dias de hoje, as pessoas do mundo moderno não conhecem o profundo amor de Deus verdadeiramente. Até mesmo cristãos e pastores acabam seguindo tendências mundanas e se esquecem do amor e vontade do Pai. Por que não conseguem se aproximar de Deus e por que acabam vagando pelo mundo e se distanciando da igreja? Podemos encontrar a razão dessas coisas na ciência moderna.

As pessoas tentam resolver seus problemas através da ciência. Preferem acreditar nas conclusões desta a depositar sua confiança no poder da fé. Isso está acontecendo, inclusive, no meio cristão. Ao invés de aceitar e crer nas coisas pela fé, até mesmo pastores vêm tendo a tendência de acreditar apenas no que podem confirmar com seus próprios olhos e acabam aceitando aquilo que podem aceitar com seu próprio entendimento, pensamento e opiniões. Além disso, ainda vêm impondo a fé cristã através de maneiras científicas sobre os crentes e tentam plantá-la nas pessoas de acordo com sua doutrina denominacional.

Os cristãos de hoje em dia têm tentado entender Deus e experimentar Seu poder através desse tipo de fé. Todavia, a fé que é adquirida por meio de uma endoutrinação invasiva e errônea leva a pessoa a criticar o poder do Espírito Santo vendo-O como misticismo. Em outras palavras, não é a igreja que tem influenciado o mundo, mas o mundo tem influenciado a igreja.

Muitas obras do Espírito Santo têm sido, muitas vezes, consideradas feitos místicos. Mas se o poder de Deus não for manifesto misteriosamente, qual será o seu valor? Todas as obras de Deus têm de ser e são misteriosas. É assim que vemos que Deus é realmente Todo-Poderoso e que só Ele pode salvar a humanidade.

O Pr. Jaerock Lee não é conivente com esse tipo de fé mundana, mas sim com a fé que vem do Espírito Santo, do Filho de Deus - Jesus Cristo - e de Deus Pai. Aqui, ele sempre nos mostra as obras de Deus através de orações e do mover do Espírito.

Sua autobiografia, *"Minha Vida, Minha Fé II"*, é uma história comovente que nos mostra a fé verdadeira e a vida que é vivida nesta fé. Certamente, este livro aponta provas vivas da existência do Espírito Santo, que muitas pessoas do mundo moderno têm se esquecido. Na verdade, fé e ciência não estão separadas uma da outra. Deus criou todas as coisas do universo e tudo que Ele nos revela é ciência. Assim sendo, o fato de o Rev. Jaerock Lee curar o enfermo, resolver problemas e encher as pessoas com a inspiração do Espírito Santo através da oração é também científico, pois o poder para a realização de tais coisas vem de Deus. Entretanto, ao mesmo tempo, trata-se de fé.

Essas colocações têm aparecido na Imprensa Cristã toda semana e têm tocado corações de muitos crentes e pastores. Agora, pois, foram todas colocadas em um livro que mostra a evidência da fé viva e do Espírito Santo. Este livro contém histórias pessoais e honestas do Pr. Jaerock Lee que nos tocam, incluindo a história sobre seu ministério e a fundação e crescimento da Igreja Central Manmin. Portanto, isto serve como um bom manual que mostra como um verdadeiro ministério é tanto para crentes "leigos" como para pastores.

Ouvi dizer que esta autobiografia tocou e impactou numerosos pastores e crentes. Os pastores estavam interessados no crescimento da igreja e no poder do Espírito Santo, e os crentes, inclusive os "leigos", foram tocados pelas obras de cura e demais realizações do Espírito Santo. A Coréia hoje não possui mais o mesmo poder do Espírito em suas igrejas como antigamente. Muitas igrejas não estão vivas de verdade, pois não souberam lidar com o poder do Espírito, confundindo-o com misticismo.

Posso dizer, seguramente, que o Rev. Jaerock Lee é um dos ministros mais verdadeiros do país. Muitos concordam que inúmeras pessoas passaram a amar o Senhor Jesus com mais intensidade e tiveram sua fé fortalecida através da autobiografia "Minha Vida, Minha Fé 2". Além disso, muitos pastores poderão entender o que é uma igreja de verdade e em que tipo de igreja o Espírito Santo opera suas obras.

Gostaria também de dizer que a verdade sobre o incidente de transmissão da MBC é revelada aqui. Podemos ver claramente que o Rev. Jaerock Lee sofreu muitas perseguições por parte de igrejas coreanas, que, por sua vez, devem parar imediatamente com elas e suas críticas. Exijo que a MBC se desculpe diante da Igreja Central Manmin. Essa é a minha grande esperança depois de ter lido a autobiografia do Pr. Jaerock Lee: que todos os pastores e crentes possam ler este livro e que seus olhos possam ser abertos pelo Espírito Santo.

Rev. Jongman Lee
(Igreja Metodista; Presidente Permanente,
Associação Cristã Mundial da Missão de Avivamento)

CONTEÚDOS

Recomendação
A evidência do Poder e da Existência do Espírito Santo

Capítulo 1
Assim como o Solo se Endurece depois da Chuva

1. Depois de Plantar as Sementes da Fé 2
2. Igrejas Estabelecidas no Japão através da Bênção da Concepção 5
3. Alargando as Fronteiras Missionárias 10
4. Desespero Transformado em Esperança 18
5. Prevendo Orçamentos Apertados 27
6. O 15° Aniversário da Igreja 29
7. Deus Quer o Trigo 34

Capítulo 2
A Quem Devemos Escutar?
- O Começo de Três Testes

1. Deus Mostrou Coisas que Estavam por Vir 38
2. O Mundo Espiritual Aberto 43
3. Orando com Lágrimas por Aqueles que Traíram e Prejudicaram 56
4. O Começo do Primeiro Teste 59
5. A Providência das Curas 64
6. Deus Ensinou aos Membros a Lavarem suas Vestes 68

Capítulo 3
O que Jesus Pensava, enquanto Caminhava por Gólgota, carregando a Cruz?

1. O Começo do Terceiro Teste   72
2. Uma Ênfase na Importância de se Seguir a Lei   77
3. Um Cidadão Honesto Perdeu seu Emprego   80
4. As obras de Deus Continuam Acontecendo   82
5. A História sobre Las Vegas   88
6. 'Pastor' é uma Expressão Bíblica   91
7. Questionamentos a Respeito do Ministério
   e se ele era Realmente do Espírito Santo   93
8. A Bíblia está Cheia de Coisas Maravilhosamente Misteriosas   98
9. Vídeo Ilegal com Câmeras Escondidas   102
10. Ação de Objeção   104

Capítulo 4
Se Ao Menos eu Cumprir a Vontade de Deus

1. Recebi Graça   110
2. Poder sobre Poder   112
3. Os 4 Níveis do Poder de Deus que é Luz   115
4. A História de uma Garota do Paquistão chamada Cíntia   120
5. O Maior Poder da Criação   122
6. Um Novo Milênio Começou com um Grande Sinal   124
7. Oração no Monte e Arriscando Minha Vida   135
8. Uma Profecia sobre a Coréia do Norte   141

CONTEÚDOS

Capítulo 5
Como as Águas Formam o Mar

1. O Começo de Missões Internacionais em Grande Escala   148
2. Dez Surdos-Mudos São Curados na Cruzada de Nagóia   156
3. Fui para o Paquistão com um Sentimento de Mártir   158
4. O Poder de Deus Ressuscitando Mortos   165
5. Palestras sobre Gênesis e Maravilhas   169
6. A Cruzada do Lenço na Indonésia   172
7. Obras do Espírito Santo Sacudindo o Parque Uhuru   175
8. Dando Vida a Raízes Mortas de Cabelo   179
9. O Começo do Maior Poder da Criação   181
10. Profecias sobre Acontecimentos Mundiais   186

Capítulo 6
Somente Através do Nome de Jesus Cristo

1. Mesmo com as Mãos Rasgadas   194
2. Em Direção ao Alvo   196
3. Curada de Câncer Nasal e Sacudindo as Mãos com Fé   199
4. Curado de Câncer pela Oração do Lenço   201
5. O Intenso Clamor   203
6. O Forte e Rápido Redemoinho do Espírito Santo   205
7. Uma Nova Dimensão de Poder   213
8. O Fruto do Sangue do Mártir Tomé   218

Capítulo 7
As Nações Andarão em Sua Luz, e os Reis da Terra Lhe Trarão a sua Glória

1. O que aconteceu em Dubai   232
2. A Cruzada na Rússia
   – um Evento Oficial do 300° Aniversário de São Petersburgo   236
3. O Começo dos Estudos Espirituais   239
4. Bênção Através de Três Provações Permitidas em Providência   244
5. Peregrinando   249
6. O Fogo do Espírito na Alemanha   255
7. No Peru (que uma vez já foi Império Inca)   259
8. A Dura Batalha Contra a Doença
   e a Pobreza na República Democrática do Congo   269
9. O Aparecimento de uma Cruz   278
10. WCDN, Uma Rede Global de Médicos   283
11. O Fogo do Espírito Santo no Coração dos Estados Unidos   288
12. O Começo da Missão em Israel   292
13. A III Guerra Mundial   297
14. O Grande Santuário,
    Um Símbolo de Vitória na Cultivação Humana   303

Epílogo   308

História Pessoal e da Igreja   311

Capítulo 1

Assim como o Solo se Endurece depois da Chuva

Depois de Plantar as Sementes da Fé

Não muitos anos depois que nos mudamos para o santuário em Guro Dong, ele já estava cheio novamente. Não conseguíamos mais acomodar as pessoas e os carros que ali chegavam.

Tivemos que ampliá-lo rapidamente e logo perto dali havia um lote à venda de mais ou menos quatorze mil metros quadrados. Contudo, o lugar onde estávamos ainda estava hipotecado e estava difícil ficarmos livres daquela dívida.

Quando orei a respeito daquilo, Deus respondeu-me dizendo que deveríamos adquirir o lote. Para isso, precisávamos de aproximadamente vinte milhões de dólares americanos, ou seja, vinte bilhões de wons (moeda coreana). Realmente não era fácil conseguir quantia tão alta como aquela, que era para que conseguíssemos assinar o contrato imobiliário. Todavia, já havíamos experimentado as obras de Deus sempre que Lhe obedecíamos, inclusive em situações que eram aparentemente impossíveis. Assim, o que realmente precisávamos era de fé.

Então, decidi plantar cem milhões de wons para o contrato de um bilhão como uma semente de fé. Para assinar o acordo pré-contrato precisávamos desses cem milhões. Deus sempre me abençoou de forma abundante, mas ao gastar quantias significativas de dinheiro em ofertas, obras missionárias e obras de caridade, sobrava pouco em minhas mãos. Mas o que é impossível se está é conosco?

Quando orei para preparar os cem milhões de wons, as obras de Deus começaram vindas de lugares que nunca esperaríamos. Pessoas que haviam sido curadas através de minhas orações ou gente a quem eu havia ajudado no passado, passaram a vir até mim e expressar sua gratidão.

Em agosto de 1995 já estava com os cem milhões de wons em mãos e pudemos assinar o acordo de pré-contrato. Membros, desde crianças até idosos, começaram a participar. Na verdade, não fizemos nenhum anúncio especial para coletar ofertas para construções, mas Deus moveu o coração de cada um para que pudessem fazer o que fizeram. Os membros da igreja, alegres e voluntariamente contribuíram com ofertas.

As ofertas, então, passaram a chegar não apenas de todo o país, mas também de outros países do mundo. Logo fomos capazes de assinar o contrato. Quando obedecemos à Palavra de Deus, desde a semana em que assinamos o contrato, as ofertas triplicaram.

Um só coração

Em maio de 1996, as estruturas de aço já estavam todas a postos e a construção estava em total andamento. Estávamos para ter um Encontro Especial de Avivamento de duas semanas, que começaria no dia 10 de junho e queríamos, assim, que este fosse realizado no novo santuário, para que mais pessoas fossem acomodadas. Entretanto, precisávamos de mais alguns meses para que tudo fosse concluído, e sabendo muito bem dessa situação, os membros da igreja se voluntariaram a ajudar na mão-de-obra.

Algumas pessoas pediram licença em seus empregos e outras iam para o campo de obras diretamente de seu trabalho. Carregavam cimento e areia, colocavam tijolos e cerâmicas, e pintavam paredes. Centenas de membros trabalharam juntos e o santuário ficou pronto pouco antes do Encontro de Avivamento.

Apesar de o telhado não ter ficado completamente pronto, conseguimos com que o evento acontecesse ali, e pudemos ver o resultado de uma marcha unida em fé! O primeiro dia do avivamento foi realmente muito abençoado.

Deus nos deu quinze mensagens em cima da passagem principal de João 3:6. Toda a série foi chamada de "Carne e Espírito." Ele nos deu essa palavra de vida para que os membros da igreja pudessem discernir a carne do espírito e se livrassem da carne, tornado-se homens e mulheres espirituais. Muitas obras de cura também ocorreram e Deus foi grandemente glorificado.

Igrejas Estabelecidas no Japão através da Bênção da Concepção

Quando vejo pessoas doentes, geralmente oro: "Deus! Deixe-me tomar a dor daquele irmão (a) e curá-lo (a)." Uma vez que já passei por terríveis dores e gravíssimas doenças, posso sentir a dor das pessoas doentes profundamente em meu coração. Se fosse possível, eu realmente gostaria de ficar doente em seu lugar. E o mesmo com crentes que cometem pecados: eu realmente daria minha própria vida se com isso Deus pudesse garantir-lhes o espírito de arrependimento e eles recebessem, assim, a salvação.

"Deus! Se eu puder morrer para que essas pessoas parem de pecar então, por favor, tome minha vida agora. Faça com que todas elas possam receber a salvação."

Moisés queria que o povo de Israel recebesse a salvação mesmo se para isso o seu nome tivesse de ser apagado do livro da vida e ele fosse para o inferno (Êxodo 32:32).

O apóstolo Paulo confessou seu amor dizendo que queria que seu povo fosse salvo mesmo se isso fosse significar ter sua própria vida amaldiçoada e separada de Cristo. Quisera eu ter esse tipo de amor espiritual. Se os membros da igreja puderem obter vida através de um sacrifício meu, então eu escolho me sacrificar.

No encontro de avivamento que tivemos depois da construção do novo santuário, mais de mil pessoas enfermas tinham feito inscrição para participar. Havia reuniões especiais para enfermos todos os dias e eu orava por cada um deles. Como orava por eles com toda a minha força por mais de duas horas, já era sempre quase hora de culto.

Creio que Deus respondia aos meus sinceros clamores e obras de fogo do Espírito Santo aconteciam todos os dias.

Foram duas semanas de trabalho duro, mas orei por cada pessoa doente esperando que Deus tivesse misericórdia de cada uma, e doenças raras e incuráveis desapareceram. Células cancerígenas foram queimadas; cânceres de pulmões, úteros e laringe foram curados; e corpos outrora enrijecidos por paralisia cerebral voltaram ao normal.

Jekyoo Ju, secretário geral da Federação dos Residentes Coreanos no Japão e sua esposa estavam nesse evento. Eles vivenciaram o milagre de Deus mais uma vez, assim como no ano anterior. Antes mesmo de participarem do avivamento, eles já tinham uma história para contar.

Em maio de 1995, a esposa do diácono Ju estava sofrendo de dores de cabeça e febre alta no meio da noite. No dia seguinte, ele tinha de ir à Coréia a negócios e levou sua mulher consigo para que ela fosse diagnosticada em Seul. Era 'timpanite colesteatoma'. O médico sugeriu que ela fizesse uma cirurgia imediatamente.

Ela poderia ter perdido completamente sua audição, e aquilo ainda poderia ter se desenvolvido para uma meningite. Ela vinha

Ju

sofrendo de timpanite desde criança – tinha secreções em seu ouvido e sempre se tratou com remédios.

Com a insistência de sua mãe, ela foi ao culto de domingo na igreja e recebeu minha oração. Testemunhou então que, enquanto estava sendo ministrada, sentiu todo o seu corpo se esfriar e a dor foi embora. Desde então, nunca mais teve secreções em seu ouvido e foi libertada das dores de cabeça e das demais possíveis complicações.

No dia seguinte, ela e seu marido foram ao encontro de avivamento. Eles se arrependeram de seus pecados com lágrimas e receberam o dom espiritual de línguas. Em junho de 1995, ela voltou para o Japão com a timpanite completamente curada pela graça de Deus e eles foram cheios do Espírito Santo, agradecendo a Deus abundantemente por Sua graça.

Ao voltar, ela sentiu algo estranho em seu corpo. Ao ir fazer um 'check-up' no hospital três semanas depois, descobriu que estava grávida. Desde que se casara em 1991, havia tido seu coração operado e o médico havia dito que seria difícil ela engravidar, e que se ela conseguisse, seria uma gravidez de risco. Era o quinto ano de seu casamento e apenas a oitava semana desde a cirurgia no coração. No entanto, ela e seu esposo tinham certeza de que o bebê era bênção de Deus, que houvera, inclusive, curado a ela de uma doença incurável. Em março de 1996, nascia o primeiro filho do casal, Shiyoung. Contudo, sua alegria foi curta, pois ele tinha uma doença chamada 'cretin disease'.

Era uma doença que invalidava a pessoa, impedindo a formação de hormônios. Assim, o garoto só poderia crescer com a ajuda de drogas hormonais; e se ele não as tomasse, seus membros inferiores não cresceriam nem um pouco e sua cabeça ficaria cada vez maior e com má formação. A doença poderia até tirar-lhe a vida.

Em maio de 1996, esse casal fez um voto de oração para a cura de seu filho, Shiyoung. Eles vieram à Coréia no ano seguinte novamente para participarem do encontro de avivamento e foram tocados pelas mensagens pregadas. Ali, eles tiveram certeza de que Shiyoung havia sido curado. Eles então pararam de medicá-lo e deixaram tudo nas mãos de Deus. Depois que voltaram para o Japão, seu filho estava saudável e crescendo normalmente. Depois de alguns meses, ele fez um 'check up' no hospital e foi atestado que os níveis de hormônio estavam todos regulares.

Esse casal ficou cheio da graça de Deus. Eles nunca pararam de pregar o evangelho e orar. Em julho de 1997, seis pessoas se reuniram na casa deles e ali eles fizeram o primeiro culto. Desde então, o número de pessoas começou a aumentar e eles pediram que um missionário fosse enviado para lá. Assim, em setembro de 1999, comissionamos o Pr. Kangsup Jang da nossa igreja e hoje eles possuem uma grande igreja e um lindo ministério em Yamagata. A família Ju aumentou e hoje o casal tem dois filhos e uma filha, todos saudáveis e felizes.

Alargando as Fronteiras Missionárias

Meu nome começou a ficar conhecido na área de Washington D.C, e todo ano passei a ser convidado para ir aos Estados Unidos. Em fevereiro de 1996, preguei uma mensagem intitulada 'Renove-nos' em uma conferência da Cruzada Coreana de Pastores Unidos, realizada pela Associação de Igrejas Cristãs Coreanas no Havaí, na Igreja Batista Coreana de Honolulu.

E, como o primeiro presidente coreano, Syngman Rhee, estabeleceu uma igreja no Havaí, pensei que os crentes ali tivessem uma fé firme e fervorosa. Entretanto, quando cheguei lá, percebi que havia poucas igrejas e muitas dificuldades. Segundo os pastores, muitas igrejas haviam fechado por causa de discussões entres pastores e membros.

A Associação de Igrejas Cristãs Coreanas no Havaí era dirigida pelo Bispo John Park, da Igreja Anglicana. Ele era poeta e parecia ser uma pessoa calma e tranqüila. Desde a primeira sessão de nossos encontros ele parecia estar recebendo sempre muita graça de Deus.

Uma igreja em disputa mudou

Por três dias, preguei as mensagens 'Por que Jesus é o nosso Salvador', 'Fé carnal e fé espiritual', e 'A vida eterna pelo comer da carne e o beber do sangue do Filho do Homem'.

Ouvi dizer que, inicialmente, os membros da igreja fizeram objeções quanto a deixar sua igreja ser utilizada para nossos encontros. Mas, ao fim da primeira sessão, muitos dos crentes haviam sido tocados e sua atitude geral mudou. Eles, então, passaram a servir-nos com ótimas comidas e conforto.

Depois que toda a sessão acabou, um dos pastores daquela

Cruzada Unificada no Havaí

igreja confessou em lágrimas: "Essa igreja tem esse problema porque eu era arrogante. É tudo minha culpa." Como o pastor colocou toda a culpa sobre si e mudou, os membros dali também mudaram. Cri que Deus resolveria todos os problemas daquela igreja e Lhe agradeci.

Durante esse período, houve duas sessões de conferências para pastores. Tentei plantar neles a confiança de que eles conseguiriam fazer o que tinham de fazer. Depois, um pastor já mais de idade veio me confessar com lágrimas: "Não é porque o meu rebanho errou. É minha culpa. É tudo porque eu era mau."

Um outro pastor disse: "Eu não tinha nenhum lugar para ir e achei que só me restava morrer. Mas recebi graça e força e agora tenho confiança. Agora sinto que posso fazer aquilo para que fui chamado." Outro disse: "Achava que eu era um professor

Grande Campanha de Evangelismo em Washington

espiritual, mas agora aprenderei tudo de novo." Aquilo foi uma confissão comovente, vinda de sincera humildade.

Depois que todos os encontros terminaram, disse adeus aos pastores. O Bispo John Park então disse: "Pensava que os apóstolos tivessem existido apenas há 2.000 anos atrás, mas agora vejo um apóstolo em você." Muitos pastores foram comigo até o aeroporto, expressando sua saudade com lágrimas, ao me mandar de volta para casa. Isso também tocou meu coração.

A pessoa que foi curada em um sonho

Dos dias 26 a 28 de setembro de 1997, a 'Grande Campanha de Evangelismo' foi realizada pelo Sistema de Rádio Cristão de Washington em uma igreja no estado de Virgínia, com o título de 'Senhor, Renove Washington e Baltimore.'

Muitos coreanos que viviam nos EUA foram aos encontros do evento: pessoas de Washington D.C., Maryland, Virgínia, Nova Iorque, e até mesmo de Toronto, no Canadá, participaram. Preguei mensagens intituladas: 'Por que Jesus é o nosso Salvador?', 'Fé Carnal e Fé Espiritual', e 'A Vida Eterna pelo Comer da Carne e o Beber do Sangue do Filho do Homem.'

Na conferência de pastores que ocorreu durante a Campanha, falei sobre 'O Segredo do Crescimento da Igreja.' Muitos eram de diferentes denominações.

No dia seguinte, 29 de setembro, a Cruzada Unificada Coréia- América foi realizada pela Associação Coreana de Igrejas Coreanas de Maryland na Igreja Presbiteriana Unida Coreana de Baltimore. Nesse encontro de avivamento, por sua vez, foram, além de coreanos, aproximadamente mil e quinhentas pessoas de outros lugares, tornando-o como um festival que une diferentes povos.

Contudo, houve algumas obras contrárias do inimigo a fim de tentar impedir-me de falar ao público. O encontro, inicialmente, aconteceria na igreja de um determinado pastor. Um mal-entendido se desenvolveu depois que ele ouviu alguns falsos escândalos a meu respeito e ele então se recusou a deixar-me falar e, além disso, não queria mais que a sua igreja fosse o lugar para o encontro.

Deus, entretanto, destruiu todos os empecilhos de Satanás dando àquele pastor um sonho. Ele tinha uma doença crônica em sua espinha e nela tinha mais de 10 pinos de metal. Suas dores nas costas eram realmente muito fortes.

Antes do encontro, ele dormiu e sonhou que eu estava lhe dando alguns comprimidos. Ao acordar, não sentia mais dor nenhuma. Miraculosamente, ele havia sido curado e ficou surpreso e maravilhado com aquele fato. Mais tarde ele disse: "É da vontade de Deus que o encontro aconteça. O Rev. Jaerock Lee não é uma pessoa ordinária. Ele é um servo de Deus com quem Ele está trabalhando."

Ele convenceu os outros pastores e conseguiu, assim, com que tudo acontecesse dentro dos conformes em sua linda igreja de cedro e o encontro de avivamento foi uma bênção. Ele ficou realmente muito surpreso ao me ver pela primeira vez, pois eu era exatamente como o homem que apareceu em seu sonho; e recebeu-nos calorosamente.

Naquele dia, preguei uma mensagem intitulada: 'Que Sejamos Um no Senhor.' Havia um conflito entre os coreanos e alguns afro-descendentes americanos que só seriam resolvidos em Cristo. Foi por isso que os encorajei a superar a barreira da raça com o amor do Senhor.

Essa atitude de contribuir para o desenvolvimento local e

diminuir a tensão entre raças foi reconhecida pelo estado de Maryland. O governador honrou-me com uma placa e recebi um certificado de cidadania honorária do prefeito de Baltimore. Tudo isso foi pela graça de Deus.

Pastores argentinos sedentos espiritualmente

Em 1996, dos dias 21 a 23 de julho, preguei sobre o 'O Segredo do Crescimento da Igreja' em uma conferência de pastores e um encontro de avivamento para coreanos em Buenos Aires, apoiada por diversas organizações cristãs da Argentina.

Mais de mil pastores participaram do evento, muitos foram tocados e no ano seguinte fui convidado novamente para pregar na conferência.

Na Universidade Nacional de Matansa, em Buenos Aires, realizou-se a segunda conferência e avivamento de pastores nos dias 15 e 16 de outubro. Os organizadores estavam esperando o comparecimento de aproximadamente trezentos pastores, mas, na verdade, mais de mil compareceram novamente e tivemos de fazê-la em uma igreja maior – a maior que existia lá.

A sede e o anseio daqueles pastores eram tão grandes que nosso encontro pulou o almoço e fomos fazer um intervalo só às três da tarde. Eles queriam ouvir tanto a mensagem que consegui terminá-la só depois que lhes prometi que faríamos outra conferência em uma próxima vez. Quando a segunda foi realizada, mais de oito mil pessoas compareceram.

O embaixador coreano da Argentina daquela época participou do nosso encontro e disse: "Agradeço ao Rev. Jaerock Lee por entregar à Argentina a fervorosa fé das igrejas coreanas que exportam o evangelho." Ele deu alta classificação ao

Conferência de Pastores na Argentina (1996)

Homenagem ao prefeito Barella, na igreja

Cruzada na Argentina

encontro de avivamento e disse que foi uma grande contribuição diplomática do setor civil.

Muitas pessoas também foram curadas pelas obras de fogo do Espírito Santo; especialmente o Pastor Eduardo Lecio, presidente da Associação de Igrejas Cristãs da Argentina, que teve o câncer de pele e problemas crônicos no estômago totalmente curados e glorificou a Deus.

Desespero Transformado em Esperança

Todo mundo tem seus altos e baixos na vida. Mas aqueles que têm doenças incuráveis ou descobrem que estão com determinadas enfermidades, tarde demais para serem curados pela medicina, podem cair em total desespero. Entretanto, o amor de Deus não quebra o caniço rachado e não apaga o pavio fumegante. Ele sempre mostra Seus milagres àqueles que marcham em fé.

O tumor de 3 kg que desapareceu

A Diaconisa Soonshim Kang tinha começado a freqüentar a Igreja Manmin Yeosu. Em junho de 1997 ela sentiu que tinha um tumor do tamanho de um ovo em seu corpo – ao levantar de manhã ele estava todo inchado e seu abdômen estava pesado. A partir daí, mal conseguia caminhar e sua respiração tornou-se curta e difícil.

No dia 14 de junho ela foi diagnosticada pelo hospital Jeonnam. Tinha um grande tumor de 3 kg chamado mioma uterino. Era o estágio final do câncer de útero e o médico disse que mesmo se o removessem, havia mais de dez pequenas raízes em volta dele. Era um câncer incurável e terminal.

Caminhava apenas se alguém a ajudasse e quando deitava dava para ver o volume do tumor em sua barriga. Ao invés de passar pela cirurgia com poucas chances de sucesso, pediu a Deus que tivesse misericórdia dela e recebeu a oração pelos enfermos gravada na URA (Unidade de Resposta Automática) do telefone da igreja.

Já que havia visto e ouvido sobre as obras de Deus enquanto freqüentava a Igreja Manmin Yeosu, Diaconisa Soonshim Kang tinha a fé de que seria curada, se depositasse toda a sua confiança em Deus.

Dois anos antes daquilo, em maio de 1995, ela havia envangelizado sua tia, Eumjeon Kim, e elas foram ao 3º encontro de avivamento juntas. Esta senhora de idade já não tinha duas de suas cartilagens das costas e estas estavam curvadas a noventa graus, o que a impedia de caminhar propriamente já há dez dias.

Apesar de não haver nenhuma cura médica para suas costas, elas se endireitaram depois de receber apenas uma oração no encontro de avivamento. Desde então, Eumjeon Kim tem andado confortavelmente e com as espaldas endireitadas.

No dia 25 de junho de 1997, a Daconisa Kang ouviu falar que eu estava para inaugurar um novo santuário na Igreja Manmin Ulsan. Ela então foi ao lugar e teve fé de que poderia ser curada se recebesse uma oração minha. Como ela creu, Deus a curou.

Ao receber oração, o fogo do Espírito Santo foi sobre ela e desde então ela não mais sentiu o tumor em seu abdômen e todos os sintomas desapareceram. Foi ao hospital depois de um mês e o médico ficou estarrecido.

"Quando você se operou e teve o tumor removido?"

"Não me operaram. Fui curada ao receber oração de um pastor. Deus me curou."

Ela recuperou sua saúde completamente e tornou-se uma dedicada obreira do Senhor.

A cura de envenenamento por agrotóxico

No culto de inauguração da Igreja Manmin Ulsan, uma mulher, Okja Kim, chamou a atenção por estar vestindo roupas de hospital. Ela tinha uma história para contar.

Havia se casado aos 18 anos e ela e seu marido viviam do trabalho da terra. Depois de sofrer um acidente, não pôde mais engravidar e passou a viver dia após dia carregando um sentimento de culpa.

Tinha muitos problemas familiares e no dia 17 de junho de 1997 se envolveu em uma briga com alguns membros de sua família. Para a surpresa de todos, com o acontecimento, bebeu um garrafa inteira de um agrotóxico chamado 'Gramaxone' e teve de ser levada ao hospital às pressas.

O médico disse que o veneno que ela havia tomado era tão forte que podia matar uma pessoa só de tocar emsua boca; que não havia antídoto e que ela não viveria por mais de quinze dias. Foi pedido que a família já começasse a preparar o funeral, mas seu irmão mais novo, que freqüentava a nossa igreja, pregou o evangelho para ela e deixou que ela ouvisse minhas fitas com os sermões de 'A Mensagem da Cruz'. Logo mais, ele também conseguiu fazer com que ela recebesse a 'Oração pelos Enfermos' na URA (Unidade de Resposta Automática) do telefone da igreja.

O pastor e os membros da Igreja Manmin Gwangju cuidaram e plantaram fé nela com amor, e então ela ganhou a vontade de viver novamente. No dia 25 de junho ela foi à igreja Manmin Ulsan e, ao receber minha oração, começou a suar excessivamente.

Enquanto voltava para Gwangju, depois do encontro de avivamento, o suor era tanto que ensopou suas roupas. Seu corpo

Okja Kim foi curada de envenenamento e deu à luz ao primeiro filho, depois de 21 anos de casada

ficou quente e sentia uma persistente dor. Mais tarde, ela veio a perceber que tudo aquilo que havia sentido era o veneno sendo expelido de seu corpo, no momento em que o fogo do Espírito Santo o queimava.

Na manhã seguinte, um milagre aconteceu. A dor havia passado e ela se sentia bem e confortável. Estava com paz em seu coração. Os médicos se surpreenderam muito ao vê-la e decidiram fazer um exame mais profundo. Seu esôfago, fígado, pulmões e outros órgãos que outrora estavam sendo destruídos pelo veneno tinham se recuperado e estavam completamente sadios e normais.

Não bastasse, enquanto ela bebia o agrotóxico, uma gota daquele líquido caiu em seu olho esquerdo e seu globo óptico estava quase que totalmente perdido. Era para ela ou ter perdido sua visão, ou ter tido sérios problemas naquele olho, mas poucos dias depois da oração, já via tudo perfeitamente bem, com os dois olhos.

Em novembro de 1997, ela foi a Seul com os membros da Igreja Manmin Gwangju para a vigília de sexta e recebeu uma oração minha novamente. Sentiu algo estranho acontecendo em seu corpo depois de um mês. Foi ao hospital para ver o que estava acontecendo e descobriu que estava grávida! Ela era estéril, mas depois de 21 anos de casada ficou grávida, pela graça de Deus.

Diante da impossibilidade da concepção, ela vivia carregando uma mágoa e decepção. Mas quando Deus a tocou, foi curada naquele exato momento e logo deu à luz um filho que vive uma vida feliz hoje.

O Espírito Santo agindo através da oração na URA telefônica

As obras do Deus Todo-Poderoso acontecem mesmo através de coisas inanimadas, como as máquinas. Ilgon Cho havia oferecido à nossa igreja uma URA telefônica (Unidade de Resposta Automática) com uma oração para enfermos gravada. Depois que ele havia começado a freqüentar nossa igreja, sua filha foi curada de timpanite e ele próprio de uma doença crônica de pele. Deus operou grandiosas obras do Espírito através da oração gravada em nossa URA.

O mesmo aconteceu na família de Dalyong Lee em 1996. Sua irmã, Boksoon Lee, era babá de seu sobrinho de 2 meses de idade, Jungtaek. Certo dia, uma uva entrou na boca daquele bebê, ele a engoliu e ela ficou parada em sua garganta, entalando-o. Seu rosto ficou azul e ele começou a perder a consciência devido ao choque.

A uva bloqueou a via respiratória e Boksoon Lee e a mãe do bebê o levaram a um hospital local rapidamente. A uva havia se alojado no pulmão direito, onde se formou uma piscina de sangue. O pulmão esquerdo aumentou e aquele quadro era fatal para o cérebro.

Na UTI, o bebê começou a perder o foco e sua retina começou a secar. Uma máscara de oxigênio não era suficiente para ajudá-lo a respirar e, com o choque elétrico que lhe haviam aplicado, seu coração ainda batia timidamente, mas dentro de trinta minutos ia parar.

Quando o pai disse ao médico que levaria seu filho a outro hospital, esse resistiu inicialmente. Explicou que mesmo se o bebê sobrevivesse, ele seria mentalmente fraco ou aleijado, pois seu cérebro já havia sido danificado, e aconselhou o pai que poupasse o menino de maior dor e sofrimento.

De alguma maneira, o bebê foi aceito no Centro Médico Samsung com a condição de que o hospital não se responsabilizaria por sua vida. Como estava desidratado, a equipe médica precisava colocar-lhe um soro intravenoso, mas não conseguia localizar uma veia. O médico disse que o bebê era novo demais para uma cirurgia e que a esperança de salvar aquela vida era realmente muito pequena.

Naquela época, Dalyong Lee e sua esposa não eram crentes. Contudo, sob sugestão de sua irmã, Boksoon Lee, eles receberam a oração gravada na URA da nossa igreja. Boksoon Lee orou por

Dalyong Lee e seu filho Jungtaek, avivados pela graça de Deus(1996)

Jungtaek é um menino saudável agora

seu sobrinho com um jejum de três dias. Dalyong também jejuou três dias e recebeu a oração da URA todos os dias. O bebê então começou a se recuperar.

Quando aquele jejum de três dias havia terminado, o bebê foi retirado da UTI foi para a Enfermaria Geral do hospital. Dentro de uma semana, o menino que estava morrendo, se recuperou completamente. Era para ter tido alguns problemas cerebrais se sobrevivesse; no entanto, seu cérebro também ficou bem. Até as sementes da uva não estavam mais naquele corpo. Deus as havia derretido com o fogo do Espírito Santo. Os médicos, estarrecidos, não sabiam o que dizer.

Através disso, Dalyong Lee e sua esposa passaram a crer no amor e no poder supremo de Deus. Eles aceitaram o Senhor e se tornaram cristãos. Seu filho, Jungtaek, tem crescido bem e recebido amor na igreja e na escola.

Através do culto via satélite

Os cultos de nossa igreja são hoje transmitidos em muitos lugares da Coréia via satélite. E é através desse culto via satélite que as obras do Espírito Santo vêm acontecendo em nossas igrejas. Em julho de 1998, Eunkyeong Shin foi curada logo na primeira vez que foi à Igreja Manmin Masan.

Sua mãe lhe perguntou: "Eunkyeong, eu fui ao culto da Igreja Manmin Masan e senti paz em meu coração. Por que não vamos juntas?"

Eunkyeong estava na oitava série naquela época. Ficou surpresa ao ouvir sua mãe descrente encorajando-a a ir à igreja com ela e começou, então, a freqüentar a igreja de Masan. Desde a terceira série, Eunkyeong vinha sofrendo de neurose, falta de força, perda de apetite, gastrite e dores de cabeça. Com tantas enfermidades, era difícil para ela estudar.

Certo dia, já na oitava série, teve uma repentina dificuldade para respirar. Enquanto batia em seu peito, desmaiou e foi levada rapidamente para um hospital. Quando entrou no ensino médio, seu corpo estava cheio de calombos que coçavam insuportavelmente. Não conseguia dormir, pois sentia uma dor de cabeça tão forte que parecia que ela ia estourar.

Emagreceu e ficou extremamente magra. Tomava remédios, mas não se recuperava e toda sua família estava sofrendo junto com ela. Vinha freqüentando a igreja desde muito jovem, no entanto, não possuía uma fé verdadeira. Vivia sentindo dores em seu corpo e já não via mais esperança na vida.

No dia 12 de julho de 1998, ela foi ao culto da Igreja Manmin Masan que era transmitido via satélite e, depois da pregação, na oração pelos enfermos, colocou suas mãos sobre as partes doentes de seu corpo e foi ministrada. Naquele momento, Deus a curou de todas as suas doenças com fogo o do Espírito Santo.

Todas as suas dores desapareceram imediatamente. Desde então ela nunca mais tomou remédio, vem tendo uma vida saudável, e canta na nossa igreja como solista.

Prevendo Orçamentos Apertados

No dia 2 de novembro de 1997, no culto de domingo de manhã, anunciei que havíamos conseguido ônibus que estariam disponíveis no departamento de recepção da igreja. Qualquer um poderia utilizá-los como meio de irem à igreja.

Naquela época, poucos coreanos conheciam o FMI – 'Fundo Monetário Internacional'. Eu, inclusive, não sabia de sua existência, mas Deus me fez saber que a economia do nosso país passaria por momentos difíceis e então preparei tarifas especiais de transporte para os membros que não estavam com uma boa situação financeira.

Antes que o mês se completasse, a imprensa já estava falando sobre o FMI na Coréia. No dia 21 de novembro de 1997, foi dito que o país estava em crise financeira. O governo pediu um empréstimo ao FMI e a economia coreana entrou em sério tumulto. Muitas empresas quebraram e várias pessoas perderam seus empregos e acabaram nas ruas.

Eu também tive que me adequar à um orçamento mais curto. Eu pedi para que minha família não tivesse mais que três acompanhamentos nas refeições além do arroz. Também pedi para que diminuíssem as idas ao mercado. Era óbvio que eu teria que apertar o meu cinto primeiro, porque os membros da igreja estavam passando por momentos difíceis financeiramente.

Bem antes disso eu tive minha primeira revelação a respeito de crises economicas que aconteceriam. Em dezembro de 1995, Deus me revelou que a Corea passaria por uma crise economica e Ele me disse para eu apertar o meu orçamento.

Então, no dia 28 de janeiro de 1996, preguei sobre "Bênçãos em Tempos de Austeridade" no culto devocional dos obreiros da igreja. Meu conselho foi que o orçamento de cada área da igreja fosse reduzido. Não gastei nem o salário nem o orçamento para atividades pastorais da igreja, mas ofereci de volta tudo a Deus.

Quando as pessoas que eram curadas e recebiam graça através de minhas orações expressavam sua gratidão, coletávamos suas ofertas e as apresentávamos diante de Deus para as obras missionárias de caridade.

Deus me deu uma abundante bênção financeira, mas poupar, até mesmo um centavo, é um hábito que eu tenho, pois sei que, fazendo-o, mais e mais pessoas podem ser ajudadas através de nossas missões.

Nossa igreja também não se encontrava bem financeiramente, mas ainda assim ajudávamos outras igrejas que também estavam com dificuldades, especialmente as que ficavam em áreas rurais, independentemente de suas denominações. Tentávamos fazer o nosso melhor no que dizia respeito a obras de caridade e bolsas escolares, para que nenhum de nossos membros passasse fome e que nenhum de nossos estudantes deixasse de ir à escola por falta de dinheiro de passagem.

O 15º Aniversário da Igreja

No dia 12 de outubro de 1997, muitas pessoas foram celebrar o 15º aniversário de nossa igreja conosco; inclusive convidados especiais como a Sra. Heeho Lee, esposa do Sr. Kim Daejoong, que era presidente do Novo Partido Político Assembléia do Povo daquela época e um membro da Fundação da Paz Ásia-Pacífico.

À medida que os anos foram passando, passamos a participar cada vez mais de obras missionárias, realizadas pela união de diversas igrejas coreanas, e pedidos por nossos suportes também aumentavam crescentemente. Dessa maneira, os grupos de artes da nossa igreja ficaram muito ocupados também. No dia 5 de fevereiro de 1998, fui convidado para o Encontro de Oração e Jejum no Monte de Osan-ri como palestrante e pregador. No dia 19, participei do 'Movimento Contra a Violência nas Escolas' como presidente administrativo do Comitê de Promotoria de Evangelização.

A orquestra de nossa igreja, chamada Nissi, começava a ficar

Elder Heeho Lee, antiga Primeira Dama da Coréia, no 15º Aniversário da Igreja

conhecida dentro da comunidade cristã e a tocar em variados eventos.

Eles tocaram na conferência 'Superando a Crise Nacional através da Oração', no Estádio Olímpico Jamsil, no 'Show Caridoso pelos Necessitados', no 'Show de Louvor', realizado pelo Comitê de Promotoria de Evangelização, no 15º Festival de Música em Celebração à Páscoa, realizado pela CBS (Emissora Cristã), no 44º aniversário do CBS e na Visão CBS do Movimento do Século XXI, além de muitos outros eventos locais por todo o país.

Os meus sermões passaram a ser transmitidos novecentos e oitenta minutos por semana no FEBC (Centro de Transmissão Far East) e no CBS. Eles também eram transmitidos em outros países como os Estados Unidos, Rússia, Canadá e Austrália.

Em agosto de 1998, demos início à transmissão ao vivo pela Internet em nossa igreja. Através dela, muitas curas têm acontecido. Igrejas locais da Coréia têm recebido nosso sinal ao vivo via satélite, desde dezembro de 1996.

"Movimento contra a violência nas escolas"

2002 Culto de Inauguração da Missão da Copa do Mundo

Orquestra Nissi em vários eventos de natal

Deus Quer o Trigo

Alargar fronteiras missionárias é importante, mas a essência do ministério pastoral é fazer com que os crentes sejam como o trigo, como em Mateus 3:12.

Lá, encontramos: *"Ele traz a pá em sua mão e limpará sua eira, juntando seu trigo no celeiro, mas queimará a palha com fogo que nunca se apaga."*

Deus deseja que seus filhos sejam como o verdadeiro trigo, e é por isso que Ele tem exercido a cultivação humana até os dias de hoje. Os cristãos devem discernir se são como o trigo, que amam a Deus e vivem segundo a Sua palavra, ou como a palha, que amam o mundo e se comprometem com a cobiça da carne, com a cobiça dos olhos e com o vaidoso orgulho desta vida.

O trigo poderá ter a vida eterna e ir para o céu, mas a palha cairá no fogo do inferno e sofrerá para sempre. Indo para o céu, haverá diferentes moradias e glórias que serão de acordo com a fé e a obra de cada um. A Bíblia nos conta sobre isso em diversas passagens. O apóstolo Paulo falou sobre a ressurreição em 1 Coríntios, capítulo 15, a seguinte coisa: *"Um é o esplendor do sol, outro o da lua, e outro o das estrelas; e as estrelas diferem em esplendor umas das outras"* (1 Coríntios 15:41). Receberemos a glória do sol, da lua ou das estrelas, de acordo com o que tivermos feito na terra.

O amor de Deus

Em João 14:15 vemos: *"Se vocês me amam, obedecerão aos meus mandamentos."* Obedecer aos mandamentos é fazer aquilo que Deus nos diz para fazermos, não fazer o que Ele diz para não fazermos, nos livrar daquilo que Ele diz para nos livrarmos e guardar a Sua Lei.

Provérbios 8:13 diz que temer o Senhor é odiar o mal e 1 Tessanolicenses 5:22 diz que aqueles que amam a Deus de verdade se afastam de toda forma de mal.

Se vivermos na luz e segundo a Palavra de Deus, poderemos ter o coração do Senhor e tornar-nos-emos pessoas espirituais; e, se formos fiéis em toda a casa de Deus e crescermos de modo a alcançar plena estatura espiritual diante de Deus, poderemos adquirir as qualificações necessárias para entrar na Nova Jerusalém.

Quando eu era um menino, minha mãe ia ao mercado e tinha de andar no mínimo 24 km para ir e voltar à nossa casa, carregando pesadas sacolas. Aos meus cinco ou seis anos de idade, comecei a ir com ela e tinha de caminhar desde manhã bem cedo até o entardecer. Entretanto, não lhe mostrava minhas pernas, que estavam me matando de dor, pois preferia estar com ela a ficar em casa sozinho.

Havia muitas coisas para se ver no mercado, e a que mais me chamava a atenção era o vendedor de balas.

Minha boca enchia de água só de olhar aquelas guloseimas. Nossos únicos lanches naquela época eram batatas doce e milho, que não eram suficientes para que eu perdesse a grande vontade de comer doce; e minha mãe sabia daquilo.

Certa vez ouvi: "Jaerock, você quer bala?"

Ela estava quase tirando um won de seu bolso quando a empurrei e disse: "Não, mamãe, obrigado. Vamos, vamos" (apressado).

Com um won, dava para comprar muitas balas. No entanto, minha mãe caminhava toda aquela distância para economizar a passagem do ônibus. Assim, um won era de fato muito dinheiro para ela e eu, sabendo disso, tentei reprimir minha vontade de comer doce.

Fazia de tudo para agradar meus pais e evitar dar preocupações a eles. Desde que tive um encontro com Deus, o Pai do meu espírito, meu único desejo tem sido agradá-Lo.

Se eu tivesse em mim a maldade, que Deus odeia, como Ele se afligiria! Não poderia aceitar tal coisa. Assim, comecei a afastar-me, livrar-me da maldade em meu coração, através de jejuns e orações.

Capítulo 2

A Quem Devemos Escutar? - O Começo de Três Testes

Deus Mostrou Coisas que Estavam por Vir

Desde o culto de Ano Novo de 1998, não parava mais de chorar, quando pregava no púlpito. E isso durou todo o ano. Uma vez que Deus havia me revelado que a igreja passaria por testes e que haveria pessoas que me trairiam por motivos egoístas, tinha de orar com muita dor e clamor.

Deus havia me dito que, através de três testes, Ele arrancaria as ervas daninhas e separaria o joio do trigo. Foi providência de Deus realizar a missão mundial e construir seu Grande Santuário através de Seus filhos santificados.

Em maio de 1998, logo depois de um culto de avivamento, Deus me deu uma visão na qual o Grande Santuário seria construído no último período de Sua providência. Ele me mostrou uma cena logo depois do Arrebatamento. Vi numerosas pessoas no culto de adoração no Grande Santuário e o teto se abriu em forma de cruz e muitos crentes subiram pelo ar tendo seus corpos transformados em corpos espirituais vestidos de linho branco.

No entanto, também pude ver alguns que haviam sido deixados para trás e quando descobriram que não foram arrebatados, entraram em profundo desespero. Alguns morreram devido à tamanha tristeza e outros choravam e se debatiam no chão.

Entre os que não haviam sido arrebatados, vi pastores e obreiros que trabalhavam comigo. É claro que eu sabia por que isso lhes havia acontecido. Eles achavam que eram crentes, mas na verdade, aos olhos de Deus, eram joio, e não trigo.

Os deixados para trás na terra rasgavam seus corações e se arrependiam, mas a porta da salvação já tinha sido fechada. Reuniam-se no Grande Santuário para orar e louvar a Deus, mas o Espírito Santo havia subido e eles não mais podiam receber nenhuma graça do Senhor. Era o mundo da maldade, controlado pelo mal e ninguém conseguia mais receber nenhuma ajuda do Espírito Santo.

Um banquete de casamento no céu e tribulação na terra

Os crentes que são como o trigo, serão arrebatados pelo ar, se encontrarão com o Senhor e participarão do Banquete de Casamento de Sete Anos nos ares. Gastarão seu tempo como que em um sonho. Enquanto isso, haverá na terra os Sete Anos da Grande Tribulação. Durante esse período, como registrado no livro de Apocalipse, dar-se-á início à Terceira Guerra Mundial e as nações mais fortes usarão suas armas de destruição em massa e bombas nucleares. A terra enfrentará tempos de tribulação, como nunca enfrentou.

O Grande Santuário construído pela nossa igreja foi tomado

por um grupo de pessoas do mal e usado como lugar de tortura. Alguns poderão sobreviver à calamidade da Terceira Guerra Mundial, mas depois que o anti-Cristo aparecer, não poderão mais continuar vivendo sem receber a marca do 666. Ele proibirá toda e qualquer transação comercial a qualquer um que não possuir esse número na testa ou na mão direita (Apocalipse 13:16-18).

O 666 será o mesmo que um ingresso para o inferno e aqueles que souberem disso fugirão para montanhas e lugares isolados para não receberem a marca. Contudo, serão perseguidos e pegos; e caso recusem receber o número, serão torturados.

Deus me mostrou essas cenas. Os equipamentos de tortura eram feitos com sofisticadas tecnologias e davam medo. Algumas pessoas negavam Jesus, quando torturadas, e recebiam o 666. Elas sabiam que não poderiam ser salvas ao receberem aquela marca, mas não podiam suportar tão fortes dores.

Imagine só seus amados filhos ou pai sendo inimaginavelmente torturados. Superar dores terríveis e se tornar um mártir é extremamente difícil; mas aqueles que o conseguirem, receberão a mera salvação (sem recompensa).

Achegando-se a Deus com choro e clamor

A Sra. 'H' pastoreava em minha igreja. Deus lhe havia dado muitas chances de se arrepender e voltar atrás, mas ela não o fez. Sua graça estava sobre ela e Ele também lhe havia dado um dom muito especial; no entanto, ela havia se tornado arrogante. Vinha cometendo vários pecados e dificultando muitas coisas na igreja. Por mais que o tempo passasse, a Sra. 'H' não se desfazia de suas egoístas motivações, até que chegou a um ponto em que Deus

não mais insistiu em cuidar dela.

Foi então que ela começou a ser afetada pelas obras de Satanás. Ela passou a pensar que poderia controlar toda a igreja, se me destruísse, e, juntamente com alguns outros membros, tramou contra mim. Ela foi a uma rádio e ali deu vários falsos testemunhos e enganou muitas pessoas.

Finalmente, foi escandalizada e saiu da igreja. Na visão que tive, ela havia sido deixada para trás nos sete anos da Grande Tribulação e estava sendo torturada. Fiquei muito chocado e comecei a clamar e chorar, pois estava vendo aqueles, que não haviam sido arrebatados, sofrerem na terra.

Orei: "Deus, Pai, ninguém deveria ficar na terra. Especialmente aqueles que têm ensinado outras pessoas, como pastores e obreiros. Ninguém deveria ficar na terra e passar pelos sete anos da Grande Tribulação. Por favor, conduza-os ao arrependimento e à salvação."

Antes daquela visão, só chorava com coisas que realmente pareciam grandes o suficiente para tal; mas depois que a tive, chorava por qualquer coisa. Sempre que ia ao monte orar, achegava-me a Deus com clamor e lágrimas, pedindo que eles fossem poupados.

O Mundo Espiritual Aberto

Dos dias 4 a 14 de maio de 1998, foi realizado o 6º Encontro Especial de Avivamento com duração de duas semanas e o tema 'Deus é Luz'. A maioria dos membros da igreja havia se preparado para o encontro com jejum e oração, e depois de seu término, muitos deles estavam com seus olhos espirituais abertos e cheios da graça de Deus.

Se amamos realmente a Deus, a oração contínua é presente em nossas vidas, pois queremos ouvir a Sua voz e ansiamos ver o mundo espiritual. Da mesma maneira que desejamos nos encontrar e conversar com as pessoas que amamos todos os dias, se amamos a Deus Pai, sempre queremos vê-Lo e ouvir Sua voz.

Deus viu que alguns membros da nossa igreja estavam tentando viver em Sua luz e Palavra. Assim, Ele derramou Sua graça sobre muitos deles e estes puderam ver o mundo espiritual. Muitas coisas passaram a acontecer de modo a promover experiências entre eles e o Pai diretamente.

Em Tiago 1:17 lemos: *"Toda boa dádiva e todo dom perfeito vêm do alto, descendo do Pai das luzes, que não muda como sombras inconstantes."*

Em Atos, capítulo 3, Pedro se deparou com um homem coxo, orou e ele foi curado. Quando ele e João pregaram sobre a ressurreição de Jesus, 5.000 homens aceitaram o Senhor em um único dia. Oficiais, idosos e escribas que não gostavam das boas novas da ressurreição chamaram os apóstolos e os ameaçaram de impedi-los de pregar o evangelho.

Atos 4:18-20 diz: *"Então, chamando-os novamente, ordenaram-lhes que não falassem nem ensinassem em nome de Jesus. Mas Pedro e João responderam: "Julguem os senhores mesmos se é justo aos olhos de Deus obedecer aos senhores e não a Deus. Pois não podemos deixar de falar do que vimos e ouvimos."*

Aqueles apóstolos sabiam que era da vontade de Deus que o evangelho fosse pregado e que se tivessem medo de perseguições ou torturas, o Cristianismo não seria espalhado.

Foi devido ao esforço deles, que amavam a Deus apaixonadamente e não temiam a morte, que o Cristianismo hoje tem florescido e dado bons frutos.

Não podíamos negar o que foi visto e ouvido

As pessoas que tiveram seus olhos espirituais abertos viram o Senhor, os anjos e os profetas. Chegaram até a ouvir vozes espirituais. À medida que eram cheios da graça de Deus vendo o mundo espiritual, contavam a outras pessoas sobre as experiências que vinham tendo. Entretanto, apesar de descreverem apenas o que tinham visto, naturalmente, palavras eram omitidas ou incluídas quando as pessoas passavam as histórias para frente.

Sobre as pessoas que tiveram visões, não havia nenhum problema em falar sobre aquelas coisas; mas adicionar seus próprios pontos de vista sobre o que tinham visto, sem serem capazes de discernir o que dizer e o que não dizer, causou problemas. No entanto, eu não podia podar os membros da igreja de buscarem experiências espirituais com o medo desse tipo de efeito colateral. Tinha de saber lidar com aquela situação de modo a fazê-los ter mais esperanças pelo céu e avançar para níveis espirituais maiores, tendo Nova Jerusalém como objetivo final.

Em junho de 1998, disse a seguinte coisa para os obreiros de nossa igreja:

"Pelo fato de os membros da igreja estarem vendo o mundo espiritual, serei condenado como herético. Passaremos por um grande teste. Mas, uma vez que é da vontade de Deus que vejamos o mundo espiritual, não tenho nenhuma outra escolha a não ser continuar no caminho que temos seguido."

Sei que passaríamos por situações difíceis por causa daquelas visões, mas não impedi ninguém de ter tais experiências. Foi Deus quem havia aberto os olhos daquelas pessoas e permitido que vissem coisas espirituais, então não ousaria parar com tudo aquilo.

Quanto mais conhecemos sobre o mundo espiritual, mais ansiamos pelo reino do céu e conseguimos nos livrar da escuridão deste mundo. Temos maior esperança pelas coisas celestiais, crescemos em fé espiritual e olhamos em direção à Nova Jerusalém.

O inimigo havia sempre procurado pelo Messias antes de Jesus nascer. Assim que Ele nasceu, ele tentou matá-lo através de Herodes, e durante Seu ministério público aconteceu o mesmo, até que chegou o tempo e o diabo incitou o povo a querer que Jesus fosse crucificado.

O reino de Deus é conquistado por combate. Pastores e obreiros de Deus devem conhecer o mundo espiritual. Sem saber sobre ele, não podemos exercitar controle sobre nosso inimigo, Satanás. Só depois de conhecer nossa identidade propriamente é que podemos governar sobre ele e manifestar o poder de Deus.

Em Atos 16:16-18 vemos que foi uma mulher que seguiu o apóstolo Paulo por muitos dias e esforçou-se profundamente para servi-lo. Era endemoniada e possuía espírito de adivinhação, mas Paulo não havia expulsado o demônio dela.

Ele poderia ter apenas dito: "Demônio sujo, saia em nome de Jesus Cristo!" que o demônio teria saído. Mas, então, por que ele o deixou lá em paz? Ele esperou porque sabia que não deveria fazê-lo. Se ele expulsasse o demônio daquela mulher, o homem que estava ganhando dinheiro através de seu espírito de adivinhação não ganharia mais e Paulo seria perseguido. No entanto, quando ele não mais suportou aquele espírito, o expulsou. O que aconteceu então? Foi levado para ter com o povo, foi despido e espancado até sangrar e foi para a cadeia depois.

A Bíblia em si já é um registro do mundo espiritual e o inimigo odeia quando as pessoas o vêem. Isso é porque, sabendo que ele existe e tendo contato com ele (mundo espiritual), o evangelho é pregado e o reino de Deus é realizado vigorosamente. Em 2 Reis 6:17, lemos: *"E Eliseu orou: "SENHOR, abre os olhos dele para que veja". Então o SENHOR abriu os olhos do rapaz, que olhou e viu as colinas cheias de cavalos e carros de fogo ao redor de Eliseu."*

Elias viu os cavalos e carros de fogo nas colinas com seus olhos espirituais.

Em outra ocasião, depois que Estêvão pregou o evangelho, ele foi cheio do Espírito e disse: *"Vejo os céus abertos e o Filho do homem em pé, à direita de Deus"* (Atos 7:56). Foi aí que as pessoas más taparam os ouvidos e, dando fortes gritos, lançaram-se todos juntos contra ele, arrastaram-no para fora da cidade e apedrejaram-no até a morte. Em Atos, capítulo 7, quando Estêvão pregava o evangelho e apontava os pecados das pessoas, aquelas que não tinham um bom coração ficaram com raiva dele (Atos 7:54).

Mas, se Estêvão não tivesse dito que os céus estavam abertos e que ele podia ver Jesus, não teria sido morto. Pelo fato de seus olhos espirituais terem sido abertos e ele ter falado sobre o mundo espiritual, aquelas pessoas o odiaram por ele ver algo que elas não conseguiam ver.

Elas disseram coisas como: "Anjos? Que ilusão! Isso é tudo uma mentira!"

Também fizeram várias outras falsas afirmações como essa.

Imagens em pilares do santuário

No dia 21 de junho de 1998, depois do culto da noite, pudemos ver imagens de homens nos quatro pilares do altar do santuário principal. Como eu estava indo para uma oração no monte depois daquele culto, creio que Deus havia se alegrado com aquilo e fez com que as imagens fossem inscritas por seus anjos. Eram claras e podiam ser vistas a olhos nus também.

Eram imagens de Jesus na cruz, de Paulo, de João e de Pedro. As notícias se espalharam e mais de 7.000 pessoas foram à nossa igreja naquela semana a fim de vê-las.

Pudemos ver uma pintura de João na Ilha de Patmos, onde

Apóstolo João

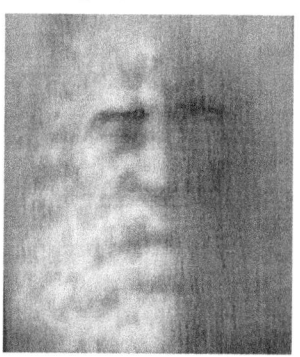

Jesus na cruz
As imagens no pilar foram desenhadas em um papel
por um artista

Apóstolo Pedro

sua testa estava inchada, por tê-la batido muito em uma rocha e, na imagem de Pedro, ele tinha a barba comprida.

Como podíamos ver Jesus sangrando com os espinhos penetrando sua cabeça e a lança penetrada em um de seus lados, ficamos muito emocionados. Essas imagens ficaram em nossas mentes por muitas semanas, noite e dia. Havia também fotos e filmagens. Um dos diáconos, inclusive, como era um artista, pintou o que viu.

Deus mostrou a luz do corpo espiritual

Os homens possuem corpo, mas sua entidade verdadeira é o espírito. Quando Deus, que é espírito, fez o homem, Ele respirou em suas narinas o sopro da vida e o fez um espírito vivente (Gênesis 2:7). Depois que terminarmos nossa vida na terra e formos para o céu, viveremos como corpos espirituais. Cada um de nós terá um brilho diferente de luz segundo o quanto houvermos refletido o coração de Jesus e recuperado a imagem de Deus.

Quando Moisés desceu do Monte Sinai com os Dez Mandamentos de Deus, seu rosto brilhava tanto que as pessoas temiam se aproximar dele. Ele em si não estava ciente daquilo. Só mais tarde, quando as pessoas o viram e começaram a ter medo de seu rosto, foi que ele percebeu o que estava acontecendo e se cobriu com um véu (Êxodos 34:29-33).

O acontecimento seguinte ocorreu no dia 25 de julho de 1998, durante a segunda sessão da vigília de sexta à noite. O Deus de amor, que queria que os crentes tivessem mais esperança pelo reino celestial, mostrou-lhes a luz do corpo espiritual. Puderam vê-la não apenas quem tinha tido seus olhos espirituais abertos, mas também qualquer pessoa capaz de enxergar naturalmente.

Em um dado momento, a luz vinha do meu corpo espiritual e se espalhava pelo lugar. A líder de louvor não podia ser mais vista devido à sua tamanha luz. A trança de flores que estava usando havia se transformado em uma coroa. À medida que me aproximava do centro do altar, minhas vestes pareciam como um longo vestido branco e eu parecia ser bem mais alto do que realmente sou.

Essa cena pôde ser vista em um grande telão e os membros da igreja que ali estavam podiam assistir a ela nitidamente. A luz iluminou todos os arredores do altar e aqueles que estavam assentados na frente, experimentaram coisas incríveis como ser curados de várias doenças e ter seus corpos físicos totalmente restaurados de todo cansaço.

Uma dessas pessoas era Kyeong-ok Kim. Ela havia se envolvido em um acidente de trânsito em 1996, pouco depois que já freqüentava nossa igreja, e passou a ter um sério problema em suas pernas. Mal podia caminhar, mesmo com muletas.

Quando ela viu essa luz naquela noite da vigília de sexta, de início pensou que era o reflexo de alguma outra luz. Mas, quando começou a examiná-la mais cuidadosamente, percebeu que todos os que entravam nela desapareciam. Foi ela, inclusive, uma das pessoas que testemunhou o fato de minha altura parecer maior e eu estar vestindo uma roupa como um vestido de linho longo.

Foi então que ela pôde acreditar que não se tratava nem de uma coincidência, nem de nenhum tipo de charlatanismo, mas a própria obra de Deus. A luz foi para dentro de seus olhos e ela não conseguia parar de gemer com o sentimento de que estava cega.

Depois do culto, no entanto, se viu totalmente livre de muletas. Era para ela ter vivido com aquele problema nas pernas pelo resto de sua vida, mas pela graça de Deus ela foi curada e ficou completamente normal novamente. Entretanto, por causa dessa mesma experiência que a ciência não podia explicar, uma emissora de TV disse que tudo aquilo havia sido armado e "fabricado" de certa forma.

A van depois do acidente

Deus protegeu os membros da igreja

Com seus olhos de fogo, o Deus de amor protegeu os membros não apenas da igreja principal de Seul, mas também os de todas as nossas igrejas filiais espalhadas pelo país.

No dia 15 de março de 1998, enquanto os membros da Igreja Manmin de Daegu se dirigiam para o culto na Manmin Masan, sua van capotou na via Kuma.

Estavam a 120 km/h e o pneu direito traseiro furou. A van então começou a girar e, depois de muitas voltas, bateu no canteiro central. Nela havia 12 adultos e cinco crianças. O veículo foi totalmente destruído.

Tratava-se de um desses terríveis acidentes onde todos os passageiros geralmente morrem. Contudo, Deus protegeu todas

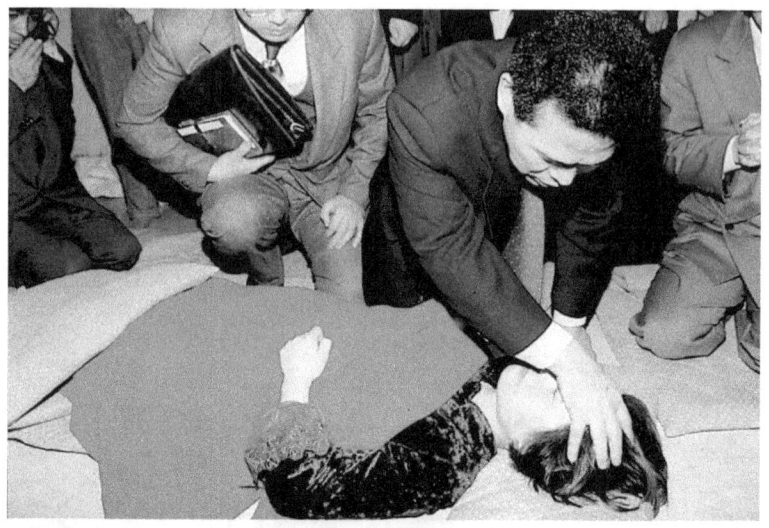

Sunhee Lee foi curada pela
oração depois do acidente

aquelas dezessete pessoas. Uma delas estava grávida, mas não
sofreu nem sequer um arranhão. Ela disse que, com o impacto,
havia sido atirada para fora do veículo pela janela, mas que
quando caiu, sentiu um anjo sobre seu corpo.

Naquela mesma época, Sunhee Lee havia machucado
sua espinha e vértebra cervical. A ambulância chegou e os
paramédicos queriam levá-la para o hospital. Entretanto, ela e sua

família não queriam nada, senão serem levadas à nossa igreja em Mansan; e foi o que aconteceu.

Logo depois que o culto havia terminado ouvi a notícia. Quando fui à enfermaria, Sunhee Lee estava deitada e orei por ela ministrando sobre seu pescoço, ombros e costas.

Ela disse que enquanto recebia oração, sentiu algo quente como fogo e que suas forças estavam renovadas. Já conseguia caminhar segundos depois da oração e também foi curada das hemorróidas das quais sofria já há dois anos.

Uma mão estendida em uma queda livre de 15 metros

No dia 23 de dezembro de 1998, o Diácono Joong-Ik Chun, líder da Equipe Anti-Terrorista das Forças Especiais da Polícia de Seul, foi enviado para uma missão no Templo Budista Cho Gye Sa que havia sido ocupado ilegalmente por um grupo de uma denominação da religião chamada Cho Gye Jong.

Quando chegaram no topo da construção de quinze metros, através de uma escada aérea de caminhão, seu suporte quebrou de repente e o caminhão tombou. Os cinco policiais caíram instantaneamente.

Isso foi reportagem em toda a imprensa local daquela época. Mas no momento em que o Diácono Joong-Ik Chun estava caindo, ao invés de pensar que iria sofrer graves ferimentos, teve fé de que Deus iria protegê-lo.

Se ele tivesse caído diretamente no chão, sua espinha teria quebrado juntamente com todo o seu corpo. Todavia, ele caiu em um lado de seu capacete primeiro e sentiu também que uma grande mão estava segurando seu corpo, como se o chão estivesse com camadas e camadas de algodão.

A foto da queda impressa em um jornal (Joong-Ik Chun circulado)

Ao cair no asfalto, ouviu um grande barulho. Inicialmente, ficou um pouco confuso com o choque e quando olhou ao seu redor, viu o Templo Cho Gye Sa pegando fogo.

Os outros quatro policiais ficaram seriamente feridos; alguns, inclusive, com algum tipo de privação física. O diácono, no entanto, não machucou nem um pouco.

Enquanto era levado para o hospital de ambulância com os outros membros de sua equipe, os médicos, maravilhados, não paravam de perguntar se ele era um daqueles que haviam caído do 5º andar!

Joong-Ik Chun cumprindo seu dever de policial

Orando com Lágrimas por Aqueles que Traíram e Prejudicaram

Mesmo quando os obreiros e pastores da igreja me traíram ou desobedeceram, nunca puni ninguém. Eu continuava liberando perdão a eles até o fim, esperando que um dia eles mudariam.

Em 1987, um pastor queria trabalhar em nossa igreja. Ele havia dito que ia abrir uma em Daejeon. Então lhe dei algum suporte financeiro. No dia de inauguração, alguns obreiros foram à Daejeon e viram que, na verdade, não existia igreja nenhuma – aquele homem havia mentido e fugido com o dinheiro.

Alguns anos mais tarde, aquele pastor veio até mim, ajoelhou-se e se arrependeu. Então, simplesmente perdoei-o e não fiz nenhuma pergunta sobre seu passado. Ele disse que abriria uma igreja em Daejeon. De novo dei-lhe suporte financeiro e, dessa vez, a igreja de fato foi aberta. No entanto, talvez porque ele tivesse bastante dificuldades financeiras, ele foi embora sem me dizer nada.

Jesus ensinou a Judas Iscariotes até o fim

Apesar de Judas Iscariotes ver sinais e maravilhas acontecerem através da vida de Jesus que só poderiam ser feitos pelo poder de Deus, ele não cria em Jesus.

Mesmo diante de concretas evidências, seu coração estava sempre cheio de coisas carnais; o que o impedia de perceber a vontade de Deus ou aceitá-la. Entretanto, Judas ainda era necessário para a missão de Jesus e a obra da salvação. A Bíblia diz que ele era aquele que venderia Jesus (João 6:64).

"Contudo, há alguns de vocês que não crêem". Pois Jesus sabia desde o princípio quais deles não criam e quem o iria trair."

Jesus estava tentando dar uma chance a Judas para que ele entendesse e se arrependesse, mas os discípulos não podiam compreender o que Jesus estava querendo dizer com aquelas palavras. Mesmo sabendo que Judas O trairia, Jesus ofereceu-lhe amor até o fim. Não o condenou na frente dos outros discípulos nem o abandonou.

Mesmo aqueles que trairiam

Independentemente do tipo de coração que cada pessoa tinha, queria incentivar todos a ter um bom coração. Nunca pensei: "Tenho de tomar cuidado com ele por causa do seu coração." Nunca me distanciei de ninguém; mas confiava em todos.

Apenas confiava nas pessoas, mesmo vendo, muitas vezes, claros pensamentos e intenções de traição. Apenas acreditava que futuramente elas mudariam e não permaneceriam na condição em que se encontravam. Esse era o caminho, para que elas crescessem como pastores e obreiros de Deus.

Apesar de eu confiar nas pessoas ao meu redor, algumas delas de fato me atacaram e mais tarde saíram da igreja. Já lamentei e perdi muito peso e energia por causa da maldade dessas pessoas.

Em 1991, um pastor se voluntariou para se encarregar da Missão Sal e Luz, que é uma missão de pessoas que trabalham no setor de distribuição de negócios. Naquela época, Deus havia me dito que ele atacaria a igreja alguns anos depois. Aconselhei sua esposa para que ela orasse por ele, para que ele continuasse firme em seu modo de pensar quanto ao ministério.

Uma vez que sabia o quanto ele estava para mudar, eu mesmo me encarreguei de cuidar dos obreiros da Missão Sal e Luz. Em 1997, ele saiu da igreja com outros 30 membros. Disse que iria ajudar nossa igreja de fora dela. O que fez foi tentar enganar ainda mais aqueles membros e levá-los para sua própria igreja. Ele espalhou vários falsos rumores, condenando-me como equivocado e louco, e causou grande distúrbio do ministério de nossa igreja.

O Começo do Primeiro Teste

Em junho de 1998, Deus disse: "Arrancarei as ervas daninhas de sua igreja, mas deixarei algumas." Sofri com aquilo; e logo, em julho, o teste veio à nossa igreja.

Talvez meu coração não seja tão forte como quisesse que fosse, e eu continuava perdoando às pessoas mesmo quando cometiam grandes erros. Mesmo diante de coisas inimaginavelmente más, tudo que fazia era perdoar e orar com choro e lágrimas, esperando que quem as tivesse feito pudesse se arrepender e consertar sua vida com Deus. Deus me disse muitas vezes para apagá-las do meu coração.

"Pai, elas não podem ser perdoadas? Como elas podem ser salvas? Por favor, perdoe a elas!"

Em 1998, com lágrimas, fiz uma campanha pessoal especial de jejum e oração por aquelas pessoas por muitos meses. A resposta que obtive foi: "Se eles realmente se arrependerem, então Eu os perdoarei."

Depois que recebi aquela resposta, tentei fazer com que aquelas pessoas percebessem o que deveriam fazer e as aconselhei. No entanto, elas não deram ouvido. Os membros da igreja não entendiam porque eu passei a chorar tão freqüentemente durante meus sermões.

Desde a inauguração da igreja, eu vinha realizando a conferência anual de pastores para seu crescimento espiritual. Em julho de 1998, tive de tomar uma decisão uma semana antes dessa conferência.

Mais uma vez recebi uma resposta: "Servo meu, já que você não consegue fazê-lo, farei Eu. Você não consegue tocá-los com seu caráter; então farei isso Eu mesmo."

Eu não podia aceitar aquelas pessoas a quem Deus não podia aceitar. O inimigo as perseguia como um leão (1 Pedro 5:8). Sabia que Satanás incitaria o mal e as pessoas tentariam me destruir, mas tudo que eu podia fazer era deixar isso com Deus, já que Ele havia me dito que Ele próprio tomaria conta de tudo para mim. Muitos demônios haviam possuído uma daquelas pessoas. Vi também outra envolvida pela calda de uma serpente.

Alguns membros da igreja viram a imagem de Lúcifer, a cabeça de espíritos malignos e o chefe do exército celestial, o Arcanjo Miguel, lutando pelos traidores que estavam no meio dos dois oponentes.

Aquilo era porque eu não os havia deixado sair do meu coração, mas os segurei para que eles pudessem mudar e voltar atrás. Então, pude ouvir a voz de Deus.

"Servo meu, desista deles. Enquanto segurá-los em seu coração, o Arcanjo Miguel terá de ajudá-lo. Você tem de apagá-los do coração para que Eu possa operar."

"Seja feita a Sua vontade"

Não podia fazer mais nada e parei de orar por eles. Quando desisti, o teste começou em grande escala. Houve pessoas que cometeram tantos pecados que Deus decidiu abandoná-las.

Tão logo Judas comeu o pão, Satanás entrou nele. "O que você está para fazer, faça depressa", disse-lhe Jesus. Mas ninguém à mesa entendeu por que Jesus lhe disse (João 13:27-28).

Em julho de 1998, alguns dos que haviam decidido me trair, depois da conferência de pastores fizeram um plano. Uma das pastoras disse que oraria por mais de um mês buscando arrependimento e o perdão de Deus.

Deus lhe havia dado muitos dons do Espírito Santo desde o início da igreja, mas eu raramente a via orar. Ela vinha acumulando desobediência a Deus já há muitos anos e não conseguia se comunicar com Ele mais. Ela também já não era usada pelo Pai.

Deus já havia retirado seus dons e, uma vez que havia líderes de louvor que estavam crescendo, ela se sentiu ameaçada por elas e deixou que a inveja e os ciúmes tomassem conta dela. Disse a ela para se arrepender diante de Deus.

"Quando você for ao monte orar, por favor, arrependa-se profundamente e derrube todas as barreiras de pecado entre você e Deus."

Entretanto, a resposta que ela me deu foi bem inesperada.

Ela disse: "Tenho-o observado pelos últimos dezessete anos e você nunca violou a verdade. Você vive sua vida sem culpa e Deus o ama muito."

Contudo, depois de dizer tal coisa, ela não foi ao monte orar e quando assustei, vi que ela havia se tornado um elemento chave nas armações contra mim. Como ela não mais conseguia esconder seus pecados e eles estavam sendo expostos à igreja, ela foi ter com aqueles que haviam saído da igreja e elaborou todo o esquema.

Ela deu início a muitos falsos rumores e produziu, inclusive, alguns materiais impressos e os distribuiu para várias associações de igrejas, para a imprensa, para muitos pastores de diferentes denominações, e ainda na Internet. Eles haviam separado vários pontos para usar como argumento para me chamarem de herético e, em pouco tempo, os 'vários' pontos se tornaram centenas. Mostraram até documentos falsos para as emissoras que transmitiam meus sermões, a fim de fazer com que parassem com as transmissões.

Aquela mulher tinha o desejo de me destruir. Ela queria se tornar a líder da igreja e fazer tudo conforme sua própria vontade. Abriu uma igreja perto da minha, inventou várias histórias estranhas e as espalhou.

Com seus falsos testemunhos, fez cartas e fitas cassetes para distribuição. Seu plano era confundir os membros da igreja e fazê-los ir para a dela. Logo, tive de fazer com que todos os membros da minha igreja soubessem desse fato e obtivessem meus esclarecimentos.

Pude sentir a falsidade chegando a um ponto tão alto, que a verdade havia sido aparentemente esquecida.

Quando a esposa de Potifar tentou José, ele recusou firmemente.

Em Gênesis 19:12, vemos que "Ela o agarrou pelo manto e voltou a convidá-lo: *"Vamos, deite-se comigo!" Mas ele fugiu da casa, deixando o manto na mão dela.*"

A esposa de Potifar mentiu dizendo que José havia tentado estuprá-la, mas que quando gritou ele fugiu deixando o manto para trás. Potifar, furioso com o que tinha ouvido de sua mulher, não quis saber nada de José e colocou-o na cadeia. Se você julgar, baseando-se apenas nas palavras de uma pessoa, você corre um grande risco de fazer um julgamento errado.

José foi acusado e preso injustamente, mas mantinha-se em silêncio, porque sabia que a família de seu mestre acabaria, se ele dissesse a verdade. Na cadeia, José não foi manchado por nenhuma das coisas que viu ali.

Com a experiência que teve na casa de Potifar, José havia aprendido gerenciar. Depois de ser aprisionado, aprendeu sobre política. Apesar de preso, Deus estava com ele e finalmente ele se tornou o Primeiro Ministro do Egito. Isso significa que Deus provou sua inocência.

A Providência das Curas

Em novembro de 1998 começou o segundo teste. Ambos, joio e trigo estavam entre os pastores da igreja. Havia uma certa família que tinha recebido uma graça especial de Deus. Em 1998, três dos membros dessa família, incluindo a mãe do pastor, estavam entre a vida e a morte, devido a um envenenamento de gás; mas depois que receberam minha oração, foram completamente curados e não sofreram nenhuma seqüela. Eles eram uma grande família e a maioria já havia experimentado a cura de doenças incuráveis através da minha oração.

Eles recebiam muita graça e amor de Deus, mas à medida que foram sendo reconhecidos e subiam de posição na igreja, se tornavam mais arrogantes. Dei-lhes muitas chances de se arrependerem, mas realmente não voltaram atrás. Até que foi descoberto que o pastor (integrante daquela família) vinha tirando da igreja alguns importantíssimos documentos. Seus grandes pecados foram revelados.

Com isso, ele e sua família saíram da igreja e também abriram uma perto da minha. Também passaram a espalhar falsos rumores entre os membros da minha igreja e dizia-lhes para irem para a deles.

Enquanto isso acontecia, havia outros pastores da igreja (que faziam parte da diretoria) que estavam com desejos egoístas e acabaram saindo de lá também. Eles se uniram também espalhando falsos rumores e tentaram enganar os membros para que mudassem de igreja. Inicialmente eles estavam unidos para seus próprios benefícios, mas quando começaram a ter opiniões diferentes, a inimizade surgiu entre eles e eles passaram a brigar entre si.

Como Deus conhecia os planos de Satanás, Ele tocou em meu coração para que eu realizasse um encontro de avivamento de cura. As pessoas então começaram a ser curadas desde a primeira semana de novembro, por seis semanas consecutivas. Até aquelas que tinham paralisia infantil se recuperaram por completo. Muitos se levantaram de suas cadeiras de rodas e muitos cânceres desapareceram. Muitos experimentaram os milagres de Deus.

Como os sinais da Bíblia estavam acontecendo diariamente, tudo que me restava fazer era agradecer a Deus. O Deus vivo estava nos mostrando que Ele nos amava e que Ele estava, está e estará conosco. Ajudar os membros da nossa igreja passar por momentos tensos e difíceis fazendo-os ver que aqueles sinais eram providência de Deus.

Em novembro de 1998, Boonneum Kim, uma senhora de idade, foi visitar seu filho em Seul. Suas costas estavam totalmente curvadas devido ao seu trabalho na fazenda. Vinha sofrendo já há dez anos e sentia não poder dar uma volta de porquinho com sua netinha.

Então, a pedido de seu filho, ela foi àquele encontro de cura.

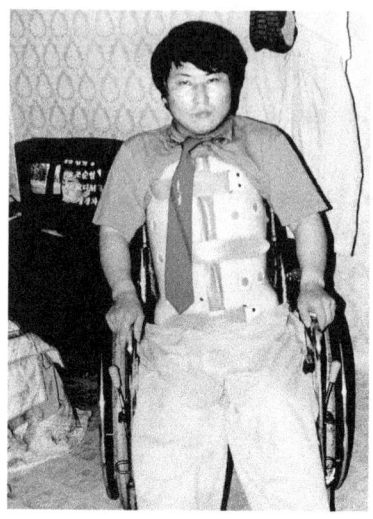
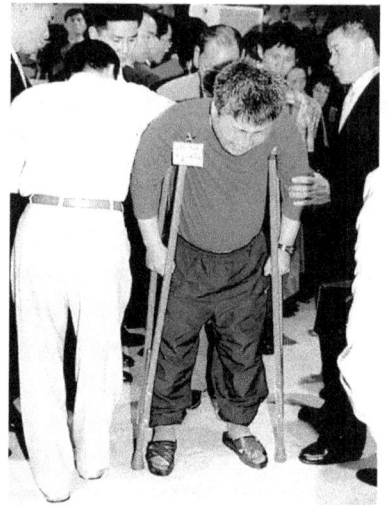

Yoonsup Kim antes de ser curado, na cadeira de rodas, usando um suporte para a espinha

Recebendo oração no encontro de avivamento de 1999

Depois de receber oração, a curvatura de noventa graus de suas costas havia se endireitado completamente e ela dava glórias a Deus.

Antes daquele avivamento de cura em novembro de 1998, Yoonsup Kim não podia fazer nada fora de uma cadeira de rodas. Em maio de 1990, havia caído do quinto andar de um prédio, enquanto fazia um trabalho elétrico, em Daejeon.

Ele havia sido levado para o hospital inconsciente e assim ficou por aproximadamente seis meses. Suas 4ª e 5ª vértebras toráxicas e as 11ª e 12ª lombares haviam quebrado. Seu fígado também fora afetado e seu estado era crítico.

Depois de passar por terapia e um tratamento médico, ele finalmente recebeu o diagnóstico de deficiência de 1º grau em 1993. Enquanto passava seus dias de dor, foi evangelizado por

Curada completamente e desfrutando de uma família feliz

seus vizinhos e foi ao encontro de cura.

Não conseguia nem mesmo ir ao banheiro por conta própria. Depois de receber oração, entretanto, ele se levantou da cadeira de rodas! Em pouco tempo, ele não mais precisava dos braços espinais, já conseguia caminhar sem muletas e até deitar com o corpo esticado. No ano seguinte, em maio de 1999, ele foi ao Encontro Especial de Avivamento de duas semanas e, no dia 12 de maio, recebeu o forte fogo do Espírito Santo.

Antes, ele tinha de andar com a ajuda de muletas, e não era fácil. Mas quando o fogo do Espírito foi sobre as suas pernas, ele passou a caminhar por conta própria. Foi comovente quando, pela primeira vez em 9 anos, ele andou. Mais tarde, se casou e hoje tem uma linda filha.

Deus Ensinou aos Membros a Lavarem suas Vestes

Deus queria que eu e os membros da nossa igreja superássemos o que estávamos passando com bondade e amor. Uma das razões pelas quais Ele havia permitido que passássemos por testes era para me dar o poder de realizar a providência da missão mundial. Uma outra razão é que Deus também queria que os membros da igreja lavassem suas vestes; ou seja, queria que eles circuncidassem seus corações, se desfizessem de toda forma de mal e se santificassem.

Aconselhei aos membros que não vissem, ouvissem, ou falassem nada que não fosse verdade. Deus quer lábios santos. Assim, não haverá julgamento, condenação ou escândalos; a escuridão não poderá vir e o inimigo não pode causar nenhum distúrbio.

Satanás não pode acusar os crentes que vivem na luz. Através desse teste da igreja, os membros da igreja tiveram a chance de discernir a verdade da inverdade por conta própria. Entretanto, alguns deles encontraram-se com os que estavam espalhando palavras de escuridão, foram enganados e saíram e pararam de ter comunhão conosco.

Em dezembro de 1998, Deus me disse para orar para que eu pudesse receber o mesmo poder que foi capaz de ressuscitar Lázaro, como Jesus havia feito. Se eu recebesse o poder de ressuscitar mortos através da oração, dentro da vontade de Deus, poderia então ser capaz de realizar a missão mundial rapidamente.

Contudo, o poder de Deus não é dado facilmente. Devemos ter uma medida de fé correspondente. Para tal, devemos também passar por provações de fogo e ganhar traços de amor e bondade até um nível muito alto.

Deus recebeu um voto de oração com carinho

Em 1998, com todas aquelas coisas chocantes, não conseguia mais comer. Orava em lamentações e rapidamente perdi peso e energia.

Como puderam aqueles que haviam visto e experimentado tantas obras e milagres de Deus e ouvido a palavra da verdade sair da igreja e se tornarem meus perseguidores? Ao pensar em sua maldade, tudo que eu conseguia fazer era lamentar e sentir pena delas.

Especialmente depois que orei pelos enfermos com toda a minha energia por seis semanas, perdi toda ela. Perdi mais de 10 kg e sentia-me sem forças para andar. Se eu tivesse perdido mais peso, não seria capaz nem mesmo de pregar nos cultos. Certo dia, enquanto orava, Deus me disse para oferecer-Lhe um voto de oração:

"Vá ao monte e ofereça-Me um voto de oração. Ore pela missão mundial. Eu tirei-lhe a energia, mas agora o encherei da energia celestial. O tempo é chegado. Então ore para receber o poder que ressuscita os mortos."

Em janeiro de 1999, comecei meu primeiro voto de oração, que era de um mês. Deus havia movido meu coração para que eu orasse pela missão mundial e a Sua providência que tem de ser cumprida no fim dos tempos. Ele me fez saber sobre o poder que está além daquele que ressuscita os mortos, e falou-me para orar pelo 'Poder acima do Poder'.

Deus recebeu esse primeiro voto de oração com alegria e me deu várias respostas. Uma das coisas mais incríveis é que a forma do meu corpo havia mudado e eu havia ganhado força. Fiquei realmente muito surpreso. Quando eu era jovem, queria ter a forma de "triângulo invertido" na parte de cima do meu corpo; e foi exatamente o que acabara de me acontecer.

Minha barriga afundou e, com uma cintura relativamente fina, estava cheio de energia como se estivesse nos meus 20 anos. Enfim, Deus havia até mudado a forma do meu corpo, para que eu pudesse operar obras maiores e não ficasse cansado.

O inimigo tentou me destruir, mas Deus me protegeu dando até, a partir desse momento, um corpo forte. Os pastores assistentes também se surpreenderam muito ao verem meu corpo e o diácono que era meu motorista tirou fotos de mim.

Capítulo 3

O que Jesus Pensava, enquanto Caminhava por Gólgota, carregando a Cruz?

O Começo do Terceiro Teste

Depois que o meu primeiro voto de oração terminou, passei a oferecer um voto uma vez por mês, até abril. Enquanto orava naquelas quatro ocasiões, não podia controlar minhas lamentações, que vinham ao meu coração sempre que me lembrava das pessoas que haviam saído da igreja e me atacado. Não conseguia mais orar propriamente.

Em abril de 1999, a palavra de Deus veio sobre mim enquanto orava. Ele disse que não perdoaria àquelas pessoas más, para quem eu havia orado o tanto certo, para que Ele me mostrasse as limitações de tempo e espaço. Antes daquilo, muitas pessoas haviam sido curadas ao receber orações pela Internet, em vários países. Deus então me disse que esse tipo de obra passaria a acontecer em larga escala a partir daquele momento.

Ele me disse: "Servo meu, não ore mais por aqueles que o acusaram e o deixaram. Não se entristeça mais, não importa o tipo de situação em que você se encontre. Não perdoarei àquelas pessoas mais. Não perdoarei mais a ninguém que perturbar esta igreja."

Alguns dos nossos pastores, que saíram da igreja, se uniram com outros que também o haviam feito. Como seus atos de injustiça estavam sendo revelados, eles então passaram a elaborar planos malignos. Um deles, uma mulher, tinha ciúmes excessivos e estava sendo controlada por Satanás.

Aquelas pessoas que haviam deixado a igreja para benefício próprio faziam planos para destruí-la. Elas haviam se juntado para benefício próprio e, se tivessem interesses diferentes, se separariam.

Em abril de 1999, depois que terminei o quarto voto de oração, Deus me disse que passaríamos por um terceiro teste. Na verdade, era providência Dele que eu passasse por ele, e Ele me daria poder sem limites ao qual nem Satanás poderia trazer objeção.

Deus me disse que o encontro de avivamento daquele ano seria amplamente divulgado e que a nossa igreja se tornaria conhecida em todo o mundo através de sua emissora. Assim, durante um sermão, eu disse aquilo aos nossos membros; no entanto, não imaginava que um incidente aconteceria.

Emissoras têm de manter uma visão objetiva

Em maio de 1999, tivemos o nosso Encontro Especial de Avivamento de duas semanas. Quando todos os planos daquelas pessoas que tentavam me destruir foram frustrados, elas então decidiram apelar para emissoras públicas.

O plano então se tornou o de destruir a nossa igreja através das emissoras delas. Enviaram documentos e testemunhas falsas para os produtores da MBC – *Munhwa Broadcasting Corporation.*

Assim, no dia 15 de abril de 1999, a equipe de produtores fez um programa baseado nas informações que haviam recebido e o puseram no ar no dia 4 de maio.

Que aquela emissora deveria ter tido uma visão objetiva, isso é óbvio, e eles deveriam também ter checado a validade e a confiabilidade do que tinham nas mãos. Eles estavam para transmitir algo que era muito diferente da verdade. Sabendo disso, os obreiros da nossa igreja ainda foram até eles e pediram que não transmitissem um programa tão unilateral como aquele.

Dissemos a eles que, como estávamos prestes a ter um grande evento, o 'Encontro Especial de Avivamento', cooperaríamos completamente com eles, mas depois de seu término.

Entretanto, a equipe de produtores foi à minha casa querendo me entrevistar no dia 7 de maio. Não haviam marcado nada com antecedência. Simplesmente chegaram, inesperadamente, com uma câmera, pedindo uma entrevista.

Às sextas, eu sempre ia à vigília da igreja. Geralmente, nunca me atraso para os cultos e, caso isso acontecesse, mesmo que me atrasasse um minuto sequer, eu jejuava como um ato de arrependimento.

Os obreiros da igreja sabiam desse fato e, assim, explicaram àquelas pessoas muito bem que eu não poderia ser entrevistado naquele dia. Contudo, mais tarde, elas vieram a dizer que haviam dado à igreja uma chance de se defender através de uma entrevista, mas que eu estava fugindo delas.

Todo o mundo surpreendido

Os obreiros da igreja então entraram com uma ação de proibição de transmissão daquele programa e ele teve de ser adiado por uma semana. No dia 11 de maio, o tribunal ordenou que alguns conteúdos do programa não fossem transmitidos. Depois que essa ordem foi dada, os obreiros se encontraram com os produtores e lhes pediram que transmitissem aquele programa depois que o encontro de avivamento terminasse e só depois que eles checassem todos os fatos. Entretanto, eles simplesmente ignoraram tal pedido e disseram que a transmissão já estava agendada.

O dia 11 de maio era o sétimo dia do nosso encontro. O programa estava para ser colocado no ar às 11h da noite. Como de costume, o encontro de avivamento terminava aproximadamente às 10h20min. Contudo, algo inesperado aconteceu. Voltei para casa, dormi e, no dia seguinte, recebi uma notícia chocante dos obreiros da igreja.

Aproximadamente às 10h20min da noite anterior, após o término do Encontro de Avivamento, alguns dos membros da igreja foram até a emissora protestar. Eles sabiam que o programa seria editado com muita distorção nos fatos e decidiram protestar. Chegaram lá mais ou menos às 11h5min da noite.

Inicialmente, havia vinte ou trinta membros no lugar e como não havia guardas ou seguranças, foram para dentro. No quarto andar, encontraram algumas pessoas da equipe e perguntaram onde era a sala de transmissão. Alguns disseram que era no quarto e outros disseram que era no sétimo andar. Então nossos membros se dividiram em busca de tal sala.

Quando alguns deles passavam pelo segundo andar, viram uma porta semi-aberta. Quando entraram, havia uma parede cheia de aparelhos de TV e puderam ver que neles passava o programa sobre a igreja.

Ao verem inúmeras acusações contra a igreja sendo transmitidas, ficaram bastante contrariados. Houve, assim, uma discussão entre nossos membros e a equipe da emissora, já que exigíamos que aquele programa fosse retirado do ar. Alguém, então, apertou um botão e a transmissão parou. Aquilo ficou conhecido em todo o mundo.

Uma Ênfase na Importância de se Seguir a Lei

Já há muito tempo, tenho ensinado às pessoas a não apenas seguirem a lei de Deus, mas também as leis do país onde vivem, independentemente do tamanho das questões. De fato, a maioria dos membros de nossa igreja segue a lei, serve a sociedade e vive como sal e luz deste mundo.

Contudo, naquele dia, alguns membros não conseguiram se controlar e violaram a lei por um momento. Nossa igreja, logo teve de enfrentar um terrível dano. Apesar de estarmos corretos, violar a lei continuava errado. A fim de acalmar os membros que estavam na sala de controle da emissora, o Pastor Hyeonkwon Joo subiu em um tipo de mesa:

"Não machuquem ninguém e nem danifiquem nenhum equipamento. Não toquem em nada. Por favor, saiam daqui agora mesmo." Essa cena, entretanto, foi reportada nas notícias como se o Pastor Joo estivesse controlando o pessoal.

Todos os membros da igreja ali presentes foram tidos como

desordeiros por aquela emissora. Esta deletou todo o áudio do material que possuía e o editou fazendo com que apenas gestos fossem vistos. O resultado daquelas imagens editadas era exatamente o oposto da realidade.

Atrás dos televisores nas estações de TV é comum que haja vários fios embolados. Sobre a mesa de controle principal havia uma grande câmera com as lentes separadas de seu corpo. Provavelmente, estava sob conserto. No entanto, no noticiário, a emissora mostrou a câmera e disse que ela havia sido quebrada pelos membros da nossa igreja.

Os telespectadores, que não sabiam o que estava acontecendo de fato, tinham de acreditar naquele noticiário.

Devido a esse incidente, fomos forçadamente inseridos dentro de uma imagem negativa, em que havíamos invadido uma emissora de TV e parado sua transmissão. Muitos membros que viviam uma vida boa deixaram de ser bem vistos por sua causa.

É claro que nada daquilo havia sido planejado. Trata-se de uma contingência, mas tivemos de nos desculpar diante das pessoas. Por termos causado problemas publicamente, colocamos nosso pedido de desculpas em um dos maiores jornais diários da Coréia - o Chosun Ilbo, Dong-A Ilbo, Hankyere Shinmun.

Acho que a emissora estava, na verdade, esperando que fôssemos lá protestar, uma vez que se tratava de inúmeras acusações falsas envolvendo uma grande igreja. Se houvesse guardas em seus portões, ninguém teria entrado e nada teria acontecido tão facilmente como foi.

A imprensa estava dizendo que a nossa igreja havia feito tudo com planos detalhados. A polícia chamou vários dos membros que haviam ido à emissora e, ao questioná-los, viu que tudo não passava de um acidente.

A emissora havia feito um programa baseado em falsas

informações fornecidas por aqueles que tentavam destruir nossa igreja e, por causa daquela transmissão, não só a diretoria, mas todos os membros sofreram sérios danos. Os membros foram chamados de 'membros de uma igreja violenta'. Muitos membros jovens foram maltratados na escola e muitos outros não mais conseguiam ir aos cultos.

Um Cidadão Honesto Perdeu seu Emprego

Naquela época, o Diácono Ikseon Yu tinha um alto cargo na polícia. Já trabalhava como policial há 20 anos e havia sido reconhecido como um oficial fiel. Estava sempre dando bons exemplos como cristão e havia apresentado o evangelho a muitos. No entanto, alguns dos que haviam saído da igreja tentaram colocá-lo na cadeia e passaram falsas informações à polícia e às emissoras locais.

As falsas acusações contra ele diziam que era ele quem havia estado no comando de todo aquele incidente e ido à emissora com os membros da igreja. A imprensa havia gostado da idéia dessa reportagem já que havia um policial envolvido no comando de tal vergonhoso incidente.

As autoridades o chamaram para depor e investigaram o caso. Toda a imprensa e a emissora estavam colocando os fatos de maneira a fazer parecer como se um policial tivesse interferido intencionalmente naquele incidente. No dia 17 de maio, as notícias das 9h da MBC disseram o seguinte:

"A Polícia começou uma investigação para averiguar se o Oficial Yu, do centro policial de Yangcheon, liderou de fato a invasão à MBA. Foi descoberto que o oficial havia ido à igreja naquele dia, após um dia de trabalho, sabia que os membros estavam planejando invadir a emissora, mas não reportou nada à polícia..."

Entretanto, a verdade era que as investigações haviam concluído que ele estava na igreja, quando os membros estavam a caminho da emissora de TV e ainda ligou para a MBC, avisando-os para que se preparassem.

Para que a verdade fosse revelada, ele entrou com um pedido de correção daquelas informações no Comitê de Arbítrio de Imprensa. A polícia o investigou por um mês e meio e não conseguiu nenhuma evidência que o colocasse como culpado. A investigação terminou com a conclusão de que ele era inocente.

Depois daquele acontecimento, ele ainda trabalhou como policial por mais um ano e meio, mas sempre sob observação. As pessoas passaram a olhar para ele com uma fria suspeita de algo. Ele finalmente decidiu se demitir. Um cidadão e policial honesto e fiel foi quase tido como um criminoso.

As obras de Deus Continuam Acontecendo

No dia 3 de maio de 1999, o Encontro Especial de Avivamento de duas semanas começou com o nome de "Deus é Amor" (1 João 4:16). Deus operou muitos sinais e maravilhas e obras extraordinárias aconteciam continuamente naquele encontro.

Napshim Park tinha oitenta e cinco anos de idade. Ela passou a freqüentar a igreja de Goesan, na província de Choongbook, depois que havia sido tocada pelos sermões que seu filho lhe havia enviado. Desde seu segundo dia de nascida, não conseguia enxergar com seu olho esquerdo e suas pálpebras estavam caindo.

Aos trinta anos, um tio por parte da família do seu marido, bateu nela por causa de sua crença em Jesus e seu tímpano estourou. Daquele momento em diante, não conseguia ouvir mais nada com seu ouvido direito. Contudo, no dia 3 de maio de 1999, no primeiro dia do encontro de avivamento, ela voltou a enxergar com seu olho esquerdo e a ouvir com seu ouvido direito.

Pela primeira vez em oitenta e cinco anos ela conseguia ver claramente as coisas com seu olho esquerdo e ouvir com seu ouvido direito, com o qual não ouvia já há cinqüenta e cinco anos que fora curado também.

Há também o caso de Heekyeong Song, que havia sido curada dois anos antes. Havia nascido prematuramente, aos sete meses, e, porque teve paralisia infantil, não conseguia usar sua perna e braço esquerdos desde a infância.

Com tratamento, havia recuperado parte de seus movimentos, mas a sua perna esquerda era quatro centímetros mais curta que a direita. Sua espinha era curvada e sua pélvis era retorcida. Com tudo isso, sofria muitas dores e, porque mancava, muitas crianças zombavam dela.

Ela entrou na faculdade em 1997 e foi ao 5º Encontro Especial de Avivamento de duas semanas pela primeira vez. No dia 6 de maio de 1997, recebeu uma oração minha no primeiro culto para os enfermos, ganhou forças nas pernas e começou a saltar.

Um milagre tinha acabado de acontecer. Sua perna esquerda podia tocar o chão. Depois de um diagnóstico médico, ela então pôde confirmar que sua perna que antes era 4 cm mais curta que a outra havia ficado normal. Sua espinha e sua pélvis retorcida também haviam sido endireitadas. Desde então ela se casou e tem uma família feliz com seu marido e dois filhos.

Desde que aquela equipe de produtores passou a transmitir um programa sobre a nossa igreja, muitos repórteres da CNN, ABC, BBC, NHK passaram a ir lá e a filmar e tirar fotos dos milagres que aconteciam no avivamento.

Alguns deles fizeram reportagens sobre os cegos que voltavam a ver, as pessoas que jogavam fora suas muletas e paralíticos que se levantavam de suas cadeiras de rodas. Dessa vez, aqueles

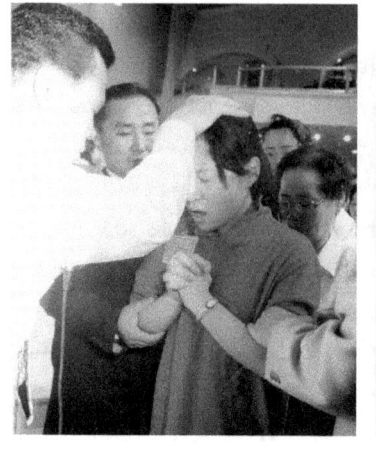

Acima: Recebendo oração no encontro de avivamento (1997)
Abaixo: Família de Heekyeong Song

repórteres relataram exatamente o que acontecia.

Por alguns meses desde o incidente da emissora, eu não ia mais para casa depois dos cultos, mas ficava na igreja orando. Com tanta dor e choque dentro de mim, perdi tanto peso que minhas pernas passaram a tremer.

A nossa igreja sempre havia feito boas obras. Tínhamos muitos tipos de ministérios para o desenvolvimento das igrejas cristãs e trabalhos sociais. Nunca causamos nenhum problema para a sociedade.

Muitas famílias que estavam quase desfeitas pelo divórcio haviam se transformado em famílias felizes. Inúmeras pessoas haviam sido curadas e levavam vidas saudáveis. Havia também aqueles que, quando começaram a freqüentar a igreja eram pobres, mas à medida que viviam na Palavra de Deus, recebiam bênçãos financeiras e haviam passado a viver vidas mais tranqüilas financeiramente.

Aquela emissora não tinha intenção alguma de fazer conhecidas as obras da igreja. Eles apenas pensavam que todas as grandes igrejas possuíam problemas e decidiram fazer algo como 'caça às bruxas'.

Se só de ouvir alguém dando uma informação falsa, eles montavam um cenário e faziam uma reportagem completamente falsa, concluímos que tal emissora, que só mostra um lado dos fatos, agia com violência moral tal que ia além do nosso entendimento. Além de sua atitude, as imaturidades de alguns membros de nossa igreja tornaram as coisas ainda mais difíceis.

A única coisa que eu podia fazer era meditar em Jesus que, silenciosamente, levou a cruz. Podia apenas jejuar e orar em lágrimas diante de Deus, que sabe de todas as coisas.

Nos meus sermões, nunca mencionei nomes de quem espalha falsos rumores ou dá falsos testemunhos contra mim.

Fui seriamente difamado, mas se eu me defendesse apontando tudo de falso que aquelas pessoas haviam dito contra mim, elas dificilmente voltariam. Decidi não denunciar ninguém e assumir toda a culpa, mas os obreiros da igreja acharam que ficaria muito difícil continuar com as obras missionárias, se a verdade não fosse revelada. Eles então processaram a emissora.

Em maio de 1999, depois que o programa da equipe de produtores foi posto no ar, o Rev, Jongman Lee, Presidente e Representante da Associação Missionária de Avivamento Cristão Mundial, ficou tão surpreso que foi à nossa igreja. Ele é um dos principais pastores da Coréia e um conhecido avivalista, mas não costumava ter muito contato conosco.

Ele nos visitou só porque sabia que eu tinha sido acusado injustamente e então fez uma declaração com um título "Exigimos Transmissões Justas". O seguinte extrato vem de sua declaração:

> "...quando tratamos de religião, devemos ter cuidado para não infringirmos as características e propósitos únicos daquela religião. Ainda mais importante: as emissoras devem reconhecer o fato de que elas não possuem as habilidades necessárias para lidar com questões religiosas, especialmente discussões e heresias. Tudo que uma emissora pode fazer é apenas reportar, relatar os argumentos dos dois lados de uma discussão de uma maneira justa..."

Mas as recentes transmissões da MBC haviam ultrapassado aquele limite. Questões religiosas devem ser tratadas com métodos de estudo e ciência próprios e adequados; e o programa da MBC ignorava tal abordagem. Confiavam apenas nas opiniões de determinadas pessoas como se fossem as da maioria.

A imprensa estava infringindo a religião e impedindo-a de realizar seus deveres e missões ao julgá-la com padrões não-religiosos.

Um tempo depois, o Rev. Jongman Lee disse em uma entrevista à imprensa:

"Acho que esse incidente aconteceu porque aqueles que eram ignorantes a respeito do mundo espiritual interpretaram a Igreja Central Manmin mal. Hoje estamos totalmente desesperados pelas obras do Espírito Santo e experiências divinas. Mas se falamos sobre essas experiências, muitas pessoas estranham. Temos de curar essa doença das igrejas coreanas. Elas julgam e condenam os outros com sua própria arrogância e segundo seus próprios padrões. A razão pela qual eu amo a Igreja Central Manmin é porque nela acontecem muitas obras do Espírito Santo. Acho que a Igreja Central Manmin é uma igreja líder que nos dá o melhor exemplo no que diz respeito a experiências com o Espírito."

Nunca assisti ao programa, então não sei detalhes de seu conteúdo. No entanto, quando ouço dos nossos obreiros sobre o que foi transmitido, é só distorção – o que dói dentro de mim.

Não tinha e não tenho o desejo de dar nenhuma explicação ou de revelar quem está certo ou errado, mas quando falo sobre a verdade, os crentes fazem um julgamento que é certo.

As pessoas geralmente confiam nas emissoras. A televisão é algo tão poderoso! Se o produtor tira os pés e a cabeça de um programa, editando-o segundo seu próprio ponto de vista, ele será bem diferente da verdade do material original. Deixe-me explicar algumas coisas que foram mostradas no programa que falava sobre nossa igreja.

A História sobre Las Vegas

Quando acabamos uma cruzada ou encontro de avivamento em outros países, dou uma folga para as pessoas que participaram das atividades. Depois que terminamos nosso Encontro de Avivamento em Los Angeles, perguntei à equipe o que eles queriam fazer. A maioria queria ver o Grand Canyon, pois é uma grande obra de Deus Criador; e para que fôssemos lá, tínhamos de passar por Las Vegas.

Lá há muitos hotéis e, dentro deles, cassinos. É comum que as famílias ou casais mais velhos se divirtam nas máquinas de moedas e demais jogos.

O governo legalizou a aposta ali e Las Vegas se tornou uma cidade turística. A maioria dos turistas curte seus jogos.

Embora alguns percam muito dinheiro com suas apostas, jogar nos cassinos de Las Vegas tornou parte da cultura dos entretenimentos leves.

Quando fazemos viagens missionárias, nós geralmente

filmamos tudo e depois fazemos um vídeo para toda a congregação. Tudo para glorificar a Deus. Depois que terminamos o Encontro de Avivamento nos Estados Unidos, expliquei à igreja como havíamos visitado os cassinos de Las Vegas e todos estavam cientes daquilo.

A história toda aconteceu quando estávamos em Las Vegas. Um dos membros de nossa equipe sugeriu que participássemos de alguns jogos no cassino. Eu não sabia nada sobre cassinos, mas quando escolhi uma máquina, pela inspiração do Espírito Santo, e inseri as fichas, um monte de fichas começou a sair dela. Como tinha a fé de que eu podia ganhar das máquinas pela fé, aquilo continuou a acontecer.

Todos da nossa equipe jogaram, mas como a maioria perdia, não acharam aquilo muito divertido e começaram a me ver jogar. Em todos os lugares que sentei, as fichas saíram das máquinas. Isso, mais de dez vezes consecutivas. Eles estavam muito surpresos, pois, antes de qualquer coisa, tratava-se de uma cena através da qual eles puderam entender que a fé pode controlar até as máquinas.

Depois que voltei para a igreja, contei aos nossos membros o que havia acontecido, a fim de plantar fé em seus corações. Era óbvio que aquele tipo de coisa era apenas diversão e teria um fim. Nunca devemos jogar tais jogos com a motivação de ganhar um dinheiro que falta.

Havia uma pessoa que tinha saído da igreja e tornado uma das principais fontes para o incidente da emissora. Essa pessoa disse que eu tinha perdido algumas dezenas de milhares de dólares no cassino e o programa da MBC mostrou um documento no qual estava supostamente escrito "Despesas de Jogo". Fizeram com que aqueles papéis parecessem com os da nossa igreja; mas, na verdade, nós nunca o fizemos – tudo não passava de uma fraude.

A fim de fazerem total escândalo, eles divulgaram aqueles papéis como se fossem verdadeiros. Editaram o programa inteiro fazendo parecer que eu havia perdido ou desperdiçado um grande valor das finanças da igreja com apostas. Agora, se alguém tivesse perdido dinheiro com apostas, por que documentaria esse fato, e ainda por cima, em algo com o nome de 'Despesas de Jogo'?

'Pastor' é uma Expressão Bíblica

A Bíblia nos diz que Jesus é o grande Pastor (Hebreus 13:20), e o Supremo Pastor (1 Pedro 5:4). Então, o que é um pastor? Jeremias 3:15 diz: *"Então eu lhes darei pastores conforme a minha vontade, que os dirigirão com sabedoria e com entendimento."* Os pastores alimentarão o povo de Deus com sabedoria e entendimento.

Aqui, os pastores se referem àqueles que ensinam bem o povo de Deus.

Jeremias 23:2-4 diz: *"Portanto, assim diz o SENHOR, Deus de Israel, aos pastores que tomam conta do meu povo: ... "Eu mesmo reunirei os remanescentes do meu rebanho de todas as terras para onde os expulsei e os trarei de volta à sua pastagem, a fim de que cresçam e se multipliquem. Estabelecerei sobre eles pastores que cuidarão deles. E eles não mais terão medo ou pavor, e nenhum deles faltará", declara o SENHOR."*

Assim, podemos ver que o pastor é também aquele que cuida do povo de Deus. A ele é confiado o rebanho do Senhor, que é o cabeça dos pastores e lhes ensina como cuidar de suas ovelhas. Portanto, quando chamamos um pastor de pastor, estamos utilizando a terminologia correta segundo a Bíblia.

Nos dias de hoje, muitas organizações ou faculdades missionárias usam o termo 'pastor' para se referir àqueles que ensinam os alunos, mesmo sem eles terem sido consagrados pastores de fato. No entanto, não é só por causa disso que vamos condenar tais pessoas.

Questionamentos a Respeito do Ministério e se ele era Realmente do Espírito Santo

Aqueles que saíram da igreja e causaram os testes e provações criaram documentos totalmente sem fundamentos dizendo que eu havia dito que eu era Deus e que eu pregava sobre Ele como sendo quatro pessoas, e não três.

Não pude deixar de ficar perplexo já que só pregava sobre Deus como sendo Deus-Trino e sobre todas as obras da Bíblia serem verdade.

Como nossa igreja tem mostrado impactantes obras do Espírito Santo, o inimigo nos odeia e tenta nos destruir. Mesmo hoje ainda existem pessoas que espalham maus rumores dizendo que eu disse que era Deus ou o Espírito Santo.

Tenho ensinado que quando nos livramos de todas as formas de maldade através de fervorosas orações e passamos a refletir o imaculado coração de Deus e do Senhor, podemos receber o poder de Deus; e podemos também ser unidos com o Espírito Santo e mostrar suas poderosas obras.

Jesus também falou sobre ser um com Deus

Em João capítulo 17 versículos 21 e 22 está registrado o que Jesus disse: *"para que todos sejam um, Pai, como tu estás em mim e eu em ti. Que eles também estejam em nós, para que o mundo creia que tu me enviaste. Dei-lhes a glória que me deste, para que eles sejam um, assim como nós somos um."* Suponha que o CEO de uma empresa fale para seus empregados serem um com ele. Isso significa que todos eles devem ter uma vontade e uma mente juntamente com seu senhor. Não quer dizer que os empregados se tornaram CEOs.

Nunca nem mesmo imaginei em dizer que eu era Deus ou o Espírito Santo! Podemos ver as verdadeiras intenções do meu coração através dos meus sermões:

"Ouço tantas coisas! Por acontecerem tantos sinais, maravilhas e obras extraordinárias, algumas pessoas estão com medo de que eu passe a me chamar de Deus. Irmãos e irmãs, vocês também têm esse medo?

Enquanto estava doente por sete anos, fui abandonado pelos meus pais e familiares. Fui curado por Deus de uma só vez. Tudo que tenho feito desde então é só orado e trabalhado fielmente para Deus. Minha família também tem vivido uma vida de devoção para o reino e a justiça de Deus.

Vocês sabem muito bem que o Deus Todo Poderoso tem estado comigo para nos mostrar muitos sinais, maravilhas e obras extraordinárias. Quantos de vocês ainda não experimentaram as poderosas mãos de Deus através de mim, aqui?

Alguns de vocês haviam recebido sentenças de morte

dos hospitais, outros eram mancos, outros tinham problemas cerebrais e outros tinham muitas outras doenças; mas foram curados através da oração e ficaram saudáveis. Suas famílias foram evangelizadas. Vocês renunciam o mundo, se livram dos pecados e da escuridão, jejuam e fazem vigílias para viver pela Palavra de Deus. Vocês estão correndo a corrida da fé com esperança pelo reino celestial.

Então, por que eu deveria me autoproferir Deus? Isso é fora de cogitação. Já preguei sobre tantas coisas como, 'A Mensagem da Cruz' testificando que vivo somente para a glória de Deus.

Tudo que tenho feito é dado glórias a Deus. Será que eu simplesmente mudaria de uma hora para a outra e me tornaria como Deus, como o nosso Senhor? Será que eu negaria a Bíblia?

Há gente que diz essas palavras absurdas. Será que eles têm idéia do quão seriamente estão me insultando? Como uma coisa dessas pode acontecer? Queridos irmãos e irmãs em Cristo, vocês, sob hipótese nenhuma, devem pensar algo assim.

Isso não deve sequer passar pela cabeça de vocês. Se eu realmente me autochamar de Deus, por favor, condenem-me e saiam desta igreja. Só há um Deus.

Somente Jesus Cristo é o nosso Salvador. Deus é o Pai, o Filho e o Espírito Santo – Deus Trindade. Acreditamos nos 66 livros da Bíblia.

É claro que estou dizendo isso tudo, não porque vocês, membros, estejam dizendo tais coisas; mas porque ouvi dizer isso aí fora."

(Extraído do sermão de 31 de julho de 1998, da Palestra sobre os Provérbios.)

Ouvi dizer que no programa da MBC eles disseram que eu estava me endeusando. A prova que eles deram foi uma cena onde alguns membros da igreja estavam de joelhos diante de mim. Contudo, há uma história por trás disso.

Em 1998, Deus abriu os olhos espirituais de muitos membros da igreja e lhes permitiu ter várias experiências espirituais. Em uma sexta-feira, dia 15 de maio, era meu aniversário e fizemos um culto de ação de graças, conduzido pelo Departamento de Missão de Mulheres da igreja.

Fizemos um culto pela manhã e me falaram que havia um lindo arco-íris duplo no céu. Depois do culto, saí e pude aquele lindo fenômeno.

A partir daquele dia, Deus freqüentemente colocava um arco-íris no céu quando tínhamos algum evento na igreja. É um sinal do amor de Deus; é Ele dizendo que está conosco.

E o arco-íris não foi a única coisa. Muitos membros da igreja estavam vendo luzes do mundo espiritual e brilhos dourados e prateados no ar, que os anjos estavam salpicando. Alguns viram anjos. Se ocupavam olhando para o céu na parte externa da igreja.

Há uma grande diferença entre ser e não ser capaz de ver o mundo espiritual. Os membros da nossa igreja compartilhavam o que viam uns com os outros. Certa vez, em uma sexta-feira, 11h da noite, ao começar a vigília, fizemos um culto de adoração e depois fizemos orações e louvor.

Então, a irmã que estava direcionando o louvor da segunda parte, de repente se curvou a mim. Aqueles que não são familiarizados com os costumes coreanos devem saber que na Coréia é comum agradecer ou mostrar respeito com a "grande inclinação". É utilizada especialmente com pais ou mestres formais e havia acabado de acontecer.

A líder de louvor disse naquele dia que estava se inclinando para mim no meu aniversário por gratidão por eu tê-la guiado com a palavra da vida até então. Como a líder de louvor havia se inclinado a mim, os membros mais velhos também começaram a fazê-lo. É claro que entendi o coração daquelas pessoas; faziam aquilo em gratidão e respeito ao seu pastor, que as ensinava com a graça de Deus.

Fiquei sem jeito e tentei fazer com que parassem com aquilo. Aquela era a primeira vez que algo daquele tipo ocorria na história da igreja. A pessoa que induziu as outras a fazerem isso saiu da igreja mais tarde. Era ela que havia causado todas as provações por que passamos.

Eles se curvaram a mim não porque me serviam como um deus, mas como uma expressão de sua gratidão a mim, por tê-los 'criado' com a Palavra de Deus.

A emissora, entretanto, não revelou ou explicou nada sobre a bondade genuína que pode ser encontrada em tudo isso. Eles editaram as coisas de um jeito que parecia que eu estava sendo adorado, e me fizeram ser visto como o líder do culto a mim mesmo.

A Bíblia está Cheia de Coisas Maravilhosamente Misteriosas

O programa da MBC, juntamente com o Conselho Cristão da Coréia (CCK), divulgaram que a nossa igreja era uma seita herética que havia caído nas correntes do misticismo. O Comitê de Medidas Anti-heréticas do CCK rapidamente condenou nossa igreja como herética, baseado nos materiais fornecidos por aqueles que haviam saído da igreja.

O Comitê mencionou o incidente com a Denominação Santidade de Jesus que havia ocorrido em 1990. Já expliquei detalhadamente o que aconteceu no primeiro volume de 'Minha Vida, Minha Fé'. Mas, basicamente, a Denominação Santidade de Jesus, abusou de sua autoridade naquela época para condenar-me e excomungar-me.

Não quero tomar tempo aqui para esclarecer a falsidade de entrevistas divulgadas ou quem estava certo ou errado; mas quero muito esclarecer o que eles queriam dizer com 'misticismo'.

De Gênesis a Apocalipse, a Bíblia está cheia de coisas

misteriosas. Deus escreveu a Bíblia através de Seus escolhidos, os profetas e apóstolos, que eram adequados aos Seus olhos.

Os profetas e apóstolos receberam o coração de Deus pela inspiração do Espírito Santo e a escreveram. São como médiuns, mas não são de fato os autores da Bíblia.

Suponha que uma mãe que vive no interior seja analfabeta e pede então a um de seus vizinhos que escreva o que ela quer escrever ao seu filho. Seu vizinho, logo, é apenas um médium e o autor oficial da carta é, portanto, a mãe.

A Bíblia nos ensina sobre Deus, que é Espírito. Ela nos ensina sobre o mundo espiritual e a criação de Deus, a qual Ele criou do nada. A Bíblia está cheia de coisas que não podem ser entendidas com a lógica humana.

Deus foi ao Monte Sinai e falou com Moisés; gralhas levaram pão e carne para Elias; Pedro escapou da prisão guiado por um anjo; e Jesus voltará ao som de trombetas. Como acreditar em todas essas coisas com a lógica humana?

Em Êxodo 19:18-19 vemos: *"O monte Sinai estava coberto de fumaça, pois o SENHOR tinha descido sobre ele em chamas de fogo. Dele subia fumaça como que de uma fornalha; todo o monte tremia violentamente, e o som da trombeta era cada vez mais forte. Então Moisés falou, e a voz de Deus lhe respondeu."*

"Depois se deitou [Elias] debaixo da árvore e dormiu. De repente um anjo tocou nele e disse: "Levante-se e coma". Elias olhou ao redor e ali, junto à sua cabeça, havia um pão assado sobre brasas quentes e um jarro de água. Ele comeu, bebeu e deitou-se de novo. O anjo do SENHOR voltou, tocou nele e disse: "Levante-se e coma, pois a sua viagem será muito longa". Então ele se levantou, comeu e bebeu. Fortalecido com aquela

comida, viajou quarenta dias e quarenta noites, até
chegar a Horebe, o monte de Deus." (1 Reis 19:5-8).

"Repentinamente apareceu um anjo do Senhor, e
uma luz brilhou na cela. Ele tocou no lado de Pedro e
o acordou. "Depressa, levante-se!", disse ele. Então as
algemas caíram dos punhos de Pedro. O anjo lhe disse:
"Vista-se e calce as sandálias". E Pedro assim fez.
Disse-lhe ainda o anjo: "Ponha a capa e siga-me". (Atos
12:7-8).

"Pois, dada a ordem, com a voz do arcanjo e o
ressoar da trombeta de Deus, o próprio Senhor descerá
dos céus e os mortos em Cristo ressuscitarão primeiro."
(1 Tessalonicenses 4:16).

Hoje, quando falamos do mundo espiritual, muitas pessoas nos condenam dizendo que caímos no misticismo. São poucos os professores que ensinam sobre as coisas espirituais corretamente e, conseqüentemente, são muitas as pessoas cuja fé não é verdadeira.

Mesmo quando estas vão à igreja, muitas não experimentam as obras do Espírito Santo; o que faz com que não tenham certeza de sua salvação. Muitas delas não acreditam no céu e no inferno e pecam da mesma forma como os descrentes o fazem.

A respeito da entrevista sobre ofertas induzidas

Certa vez, foi feita uma entrevista com uma pessoa que havia saído da nossa igreja. Ela disse que dava tanto dinheiro em ofertas que sua empresa faliu e sua família estava quebrada.

Disse que quando vendia muito, sua renda chegava a 6 milhões de wons (mais ou menos 6.000 dólares), e que quase toda essa quantia era dada como oferta. No entanto, quando pesquisamos nosso registro de ofertas, vimos que tudo não passava de uma mentira.

Segundo seus filhos e funcionários, aquela mulher tinha muitas dívidas. Assim, sua situação financeira não era por causa de ofertas, mas por motivos pessoais. Mais da metade de sua renda era usada para pagar os juros do que devia. Uma vez que eles haviam acumulado já por um bom tempo, ela acabou quebrando.

Seu filho sabia que ela havia dado falso testemunho na entrevista e havia seguido o plano do grupo que estava tentando causar problemas à nossa igreja. Ele simplesmente não conseguia consentir com sua mãe.

Antes daquela entrevista, eu havia ouvido dizer que aquela família estava com dificuldades financeiras e eu pessoalmente os ajudei com uma significativa quantia de dinheiro. Entretanto, ainda assim, aquela mulher saiu da igreja com aqueles que nos trouxeram os testes e provações, e começou a dar falsos testemunhos. Tudo que me restava fazer então era sentir muito pelo que ela estava fazendo.

Eu ajudava aqueles que tinham problemas financeiros economizando meus próprios recursos. Quando eles me traíam e pagavam a graça com a maldade, isso realmente me doía.

Vídeo Ilegal com Câmeras Escondidas

Em maio de 1999, a Diaconisa Hyeonju Kim, um dos membros da nossa igreja, ficou estarrecida ao se ver em uma entrevista no programa da MBC. Estava em seu quinto mês de gravidez naquela época e ficou extremamente chocada.

No final de abril daquele mesmo ano, a diaconisa recebeu um telefonema de uma senhora que nunca tinha visto. Ela disse que estava procurando ajuda e a diaconisa Kim, compadecida, marcou um encontro com ela. Ela nunca imaginaria que aquela senhora estava filmando-a com uma câmera escondida.

Disfarçada, ela fez algumas perguntas, editou a filmagem e divulgou algo bem diferente da verdade naquele programa.

A Diaconisa Hyeonju Kim havia entrado em nossa igreja em abril de 1998, quando chegou da França, em busca da cura de seu filho, Joonsu, pela fé. Ele estava sempre chorando por causa da incapacidade de crescimento de seu cérebro. Ela havia ido a um Encontro de Avivamento, recebeu minha oração e, daquele momento em diante, Joonsu parou de chorar e suas pupilas voltaram ao normal.

A diaconisa Kim experimentou a cura divina e voltou para a França onde seu marido estava estudando. Depois que ele terminou seus estudos, eles retornaram à Coréia e começaram a freqüentar nossa igreja.

Em 1999, Kim ficou grávida e seu primeiro filho, Joonsu, que nasceu com fraqueza e foi para o céu. Espiritualmente, ir para o céu e ficar ao lado do Senhor foi uma bênção maior para Joonsu que sofrer nesta terra.

O casal percebeu que o amor de Deus estava no fato de Ele ter-lhes tirado seu filho e dar-lhes outro. Assim, eles não se entristeceram, mas continuaram com suas vidas cristãs com gratidão de coração.

No encontro com aquela senhora, a diaconisa Kim deu testemunho da vida feliz que vivia e incentivou-a a aceitar o Senhor. Mas nada disso foi colocado no ar. Com as diversas perguntas planejadas e a edição má intencionada, a emissora fez parecer que aquele casal vivia uma vida infeliz e em grande desespero.

Mencionei apenas algumas coisas sobre o que a emissora fez com nossa igreja. Na verdade, não pretendia mencionar nada aqui; pois para esclarecer tudo o que mostraram no programa, muitos livros teriam de ser escritos.

Mas só de olhar alguns casos, já podemos ver como a verdade de uma situação pode ser mascarada e totalmente alterada. Trata-se de uma violação por parte da imprensa por fazerem algo falso parecer verdadeiro intencionalmente. Trata-se, na verdade, de perseguição da religião.

Decidi explicar algumas coisas com a esperança de que ninguém mais possa passar as mesmas coisas por que passei com tal emissora. Se algo do tipo acontecer, trata-se também de séria difamação pessoal.

Ação de Objeção

Nossa igreja teve danos de extensões inimagináveis por causa da divulgação de inverdades e, assim, decidimos entrar com um pedido de análise no Comitê de Arbitrariedade da Imprensa. Contudo, a emissora em questão disse que não tinha intenção nenhuma de participar da análise e nós, então, entramos com uma Ação de objeção no tribunal.

Uma Ação de objeção é uma chance de fazer-se a objeção desejada ou explicar uma situação. É para a parte que diz ter sofrido danos por causa de alguma coisa na imprensa que foi feita e não teve a verdade mostrada dos fatos esclarecida.

É uma chance de levar justiça àqueles que sofreram danos devido a materiais divulgados, que não são verdadeiros.

No dia 14 de outubro de 1999, a Corte do Sul do Distrito de Seul emitiu um documento dizendo: "A MBC terá de divulgar a objeção da Igreja Central Manmin segundo a hora, programa, procedimentos e métodos mencionados em anexo, por um total

교회연합신문

"MBC는 만민중앙교회 반론을 보도하라"

서울지법남부지원 판결 MBC 보도내용 대부분 사실 아닌 것으로 해석

1999년 11월 7일 (월요일)

기독교연합신문

1999년 11월 7일(일)

"MBC, 만민교회 반론 보도" 판결

남부지원, 총 14회 걸쳐

서울지방법원 남부지원(재판장·박동추재판장)은 최근 MBC에 대한 만민중앙교회의 반론보도청구 소송선고공판에서 "MBC는 판결과 선고공판에서 "MBC는 판결에 기록된대로 정해진 시간과 프로그램, 방송순서 및 시간에 따라 만민교회의 반론을 보도하라"는 판결을 내렸다.

'뉴스데스크' 2회 등 5개의...

'99년 11월 7일

99년 MBC의 심경부분 사실과...

기독교신문

종교관련 한건주의식 선정

만민중앙교회 관련 반론보도

조선일보

"MBC PD수첩 만민중앙교회
방영금지 가처분조치 정당"

헌법재판소 결정

99년 MBC 'PD수첩'이 방영하려 던 만민중앙교회와 관련한 프로그램에 대해 교회측의 방영금지 가처분 신청을 법원이 받아들인 것은 합당하다고 헌법재판소가 30일 결정했다.

신청인은 MBC가 "법원의 권리는 언론자유를 침해한 검열행위"라 주장하며 낸 헌법소원 청구를 기각하면서 이같이 결정했다.

재판부는 결정문에서 "헌법상 금지된 검열은 모든 형태의 사전...가 아니라 행정기관에 의한 것을...한다"면서 "방영금지 가처분은 부가 아닌 사법부의 결정이기에 검열이 아니다"고 밝혔다.

/李明...

國民日報
1999년 10월 28일 목요일

MBC 만민중앙교회 관련
반론보도 14건 대거 방송

MBC가 만민중앙교회 이재복 목사에 대한 비리의혹 보도와 관련, 30일까지 방송사상 가장 많은 14건의 반론보도문을 내보낸다. 26일 'PD수첩', 27일 '화제집중, 생방송6시' 첫머리에 반론보도문을 내보낸데 이어, 28일부터 '뉴스데스크' 등 5개 TV 뉴스 프로그램, '아침 종합뉴스' 등 6건의 라디오 프로그램에 이를 방송한다.

de quatorze vezes em um total de treze programas incluindo sete de TV e seis de rádio." E mais: a corte julgou que: "se a MBC não cumprir isso desde o dia de expiração até que seja cumprido, pagará cinco milhões de wons por dia por cada nota de objeção que tiver de fazer."

Logo, segundo o que fora estabelecido pela corte, a MBC divulgou a 'nota de objeção' em seu programa de notícias – *MBC News Desk,* em doze notícias, de meio dia às 6h da tarde (com Hawje Jipjung), e nas notícias de fim de noite, etc, quatorze vezes. Apesar disso, isso nem se compara com os danos que nos foram causados.

Em sua inveja, os líderes traíram Jesus

Tudo que Jesus fazia era pregar o evangelho do reino dos céus, curar várias pessoas e dar sua vida a muitos. Contudo, por manifestar o poder de Deus como quando curava cegos, o que não podia ser feito pelo homem, os fariseus, escribas e líderes da época tinham inveja Dele e O caluniavam.

João 10:20 diz: *"Muitos deles diziam: 'Ele está endemoniado e enlouqueceu. Por que ouvi-lo?'"* Jesus só fazia coisas boas, mas porque operava o poder de Deus, chamaram-no de louco.

Ademais, quando Jesus curou uma pessoa que era cega e surda por causa de um demônio, os fariseus disseram: *"Éste no echa fuera los demonios sino por Beelzebú, príncipe de los demonios"* (Mateus 12:24).

Por um acaso Jesus expulsava demônios por Belzebu? Falavam todo tipo de mentira para matar Jesus. Muitos O caluniaram e tentaram sujar seu nome.

O apóstolo Paulo também manifestou o poder de Deus com obras extraordinárias e foi considerado o cabeça da seita dos Nazarenos, como vemos em Atos 24:5. Em Atos 26:24, vemos ainda que ele também foi tido como louco.

Pelas obras e poder do Espírito Santo serem manifestados através de mim, o inimigo tem tentado me destruir continuamente. As pessoas que tinham inveja por causa das obras de Deus foram manifestadas e o crescimento da igreja foi motivo de vários falsos rumores que tentavam me condenar como herético.

Uma igreja construída sobre uma rocha não pode cair

Depois do incidente do programa de televisão, muitas pessoas pensaram que nossa igreja ia fechar. De certo modo, era um pensamento bastante natural. Em 1999, dos dias 11 a 22 de maio, nossa igreja apareceu na mídia sessenta e sete vezes – trinta e três na televisão e trinta e quatro no rádio. A emissora nos condenava com informações falsas e as pessoas acreditavam naquelas coisas naturalmente.

Mas uma igreja construída sobre uma rocha não pode cair, independentemente do quanto o poder das trevas a sacode. Uma igreja estabelecida por Deus é mantida por Sua poderosa mão direita.

Quando Jesus entrou em Jerusalém, os israelitas Lhe deram boas-vindas gritando Hosana; mas logo se tornaram uma multidão que gritava "Crucifica-O".

Jesus tinha de ser traído por um de Seus discípulos, a quem amou e ensinou. Quando Ele foi preso, todos os Seus discípulos fugiram. Como Jesus se sentiu, ao ver seus discípulos fugindo com o medo de que algo lhes pudesse acontecer?

Provavelmente, teve pena deles, mas não deve ter se decepcionado ou tido raiva. Não tive nem ódio nem maus desejos contra aqueles que me traíram ou atacaram.

Eles cometeram injustiça e obras da carne que são muito difíceis de perdoar, mas eu continuei perdoando-lhes sem revelar seus erros.

Fingiam ser boas ovelhas, mas secretamente planejavam destruir-me. Tentaram destruir a mim e à igreja. Embora eu odiasse seu pecado não tinha nenhum ódio deles. Só orava com dor e lágrimas para que nenhum deles caísse em destruição, mas se arrependesse e voltasse ao caminho da salvação.

Ao passar por uma série de incidentes como os já citados, pude sentir o coração que Deus teve quando seu amado arcanjo Lúcifer se tornou arrogante e O traiu. Senti o coração de Jesus quando Judas Iscariotes O traiu. A dor é difícil de suportar até mesmo na traição de um namorado ou namorada...

Jesus disse: *"O que nasce da carne é carne, mas o que nasce do Espírito é espírito"* (João 3:6), e não podemos confiar na carne porque ela muda. Quando nos livramos da carne, que é inverdade, e nos tornamos pessoas de espírito, que é verdade, podemos ter corações de verdade e a fé perfeita, sem maldade.

Ao passar pelos três testes de 1998 e 1999, tive mais tempo de meditar em Jesus, que silenciosamente foi para Gólgota, carregando a cruz.

Ele nunca se defendeu dizendo que era inocente e que havia sido acusado injustamente. Ele tomou tão grande dor e sofrimento sobre si, para cumprir a providência de Deus. Pude sentir um pouco, muito pouco, do quão profundos eram a obediência e o amor do Senhor.

Capítulo 4

Se Ao Menos eu Cumprir a Vontade de Deus

Recebi Graça

Antes de conhecer a Deus, eu estive doente por sete anos. Com a insistência da minha irmã, eu finalmente visitei o Altar Shinae Hyun. Foi algo que mudou a minha vida completamente. Ao ver as pessoas clamando a Deus em alta voz, senti-me um pouco embaraçado e fiquei em pé, parado. Não sabia como orar, mas em certo momento, decidi ajoelhar-me. O fogo do Espírito Santo de Deus me curou naquela hora. Já tinha sido chamado até de 'loja de departamento de doenças', mas de uma vez só eu fui limpo de toda enfermidade que tinha. As doenças todas desapareceram e me tornei um homem completamente saudável.

Apesar de não ter sido pela oração da Diaconisa Senior Shinae Hyun, fui curado naquela igreja e fiquei extremamente grato. Sempre falava nos Encontros de Avivamento. Falava sobre quando me encontrei com Deus, que tinha me tocado e me curado.

Agora, a diaconisa está doente, mas ela já foi nos visitar várias vezes sobre uma cadeira de rodas. Ela já me pediu vários tipos de ajuda, e eu nunca lhe disse não. Algumas vezes, inclusive, tive de enfrentar dificuldades para ajudá-la, mas sempre fiz o meu melhor para com ela.

Do tempo em que eu era um recém-convertido até o dia em que eu abri a igreja, servi diferentes pastores e ainda expresso minha gratidão a eles em variadas ocasiões. Sou eternamente grato pelo pastor Taekgu Son, que foi meu professor de seminário e era o presidente da Denominação Santidade de Jesus naquela época. Não consigo visitá-lo devido à minha agenda ocupada, mas sempre mando minha esposa ou outros obreiros da igreja para saudá-lo todo ano.

É importante retribuirmos a graça que recebemos de outras pessoas; e ainda mais importante dar graças a Deus pela Sua graça. Como e com que poderíamos retribuir o amor e a graça de Deus?

Deus diz que amará aqueles que O amarem e que aqueles que O buscarem, O encontrarão (Provérbios 8:17). Apeguei-me nesse versículo, amei a Deus em primeiro lugar e tenho tentado ir onde quer que Ele esteja para ser achado.

Uma vez que Deus é Luz, temos de ir para a luz, se quisermos encontrá-Lo. Uma vez que Ele é bondade, devemos agir com bondade. Uma vez que Ele é amor, podemos encontrá-Lo quando temos amor espiritual.

Amar a Deus é guardar os Seus mandamentos e, à medida que praticarmos Sua palavra, seremos amados por Ele.

Como a corsa anseia pelas águas, o meu maior prazer era entender a Palavra de Deus do fundo do meu coração e obedecer a ela. Durante a minha vida, sempre vim sendo cheio de uma crescente vontade e senso de responsabilidade por buscar o reino de Deus e a Sua justiça.

Poder sobre Poder

Certa vez tive de passar por três testes com fé, obediência e amor, e Deus me levou a níveis mais profundos de Seu poder. Para mim, teria sido mais fácil desistir da minha vida que passar pelo que passei.

Em João 14:12 Jesus disse: *"Digo-lhes a verdade: Aquele que crê em mim fará também as obras que tenho realizado. Fará coisas ainda maiores do que estas, porque eu estou indo para o Pai."* Isso quer dizer que quando vivemos completamente segundo a Palavra, seremos um em espírito com Deus Pai e, assim, poderemos operar as obras de poder que Jesus manifestou.

"Uma vez Deus falou, duas vezes eu ouvi, que o poder pertence a Deus." (Salmo 62:11).

Como dito, o inimigo não pode fazer as coisas com o poder que pertence a Deus. Como os demônios são seres espirituais, eles incitam as pessoas a ficar contra Deus. No entanto, nem mesmo imitar o poder de Deus eles conseguem. O poder de controlar a vida, a morte, a riqueza e a pobreza dos homens; o poder de gerenciar a história da raça humana e de criar coisas do nada é um poder exclusivo de Deus. Esse poder pode, entretanto, ser manifestado naqueles que pertencem a Ele, nas pessoas que vivem na luz, pois Deus é luz, e que atingiram a medida da fé de.

A diferença entre autoridade, poder e poder autoritário

Geralmente, quando falamos sobre o poder de Deus, usamos termos como autoridade, poder e poder autoritário como tendo significados semelhantes. Contudo, na verdade, eles são coisas diferentes.

Autoridade é a força digna e gloriosa dada por Deus. No mundo espiritual, não ter pecados é ter força. Portanto, podemos dizer que autoridade é a santidade em si. Os filhos de Deus que se livram da maldade e de inverdades de todo o seu coração e se santificam, recebem autoridade espiritual.

O poder é fazer as coisas que são impossíveis aos homens, mas possíveis a Deus.

E o poder autoritário? O que é? É o poder de Deus acompanhado por autoridade que é dado aos que se livram de toda forma de mal e se santificam. É o poder e a autoridade juntos. Entretanto, quando nos referimos a este tipo de poder, geralmente usamos o termo 'poder'. Esse poder autoritário tem o poder de expulsar demônios sujos e de curar todas as doenças e enfermidades.

Quando digo enfermidades não me refiro apenas a doenças simples. Elas incluem paralisias, degeneração de funções de órgãos, entre outras que impedem as pessoas de fazer atividades normais como, cegueira, surdez e mudez.

Diferença entre o dom da cura e poder

As pessoas geralmente acham que o dom da cura e o poder de Deus são a mesma coisa. No entanto, são duas coisas bem diferentes. O dom da cura mencionado em 1 Coríntios 12:9 é sobre a queima de germes e doenças.

Com esse dom da cura, não podemos curar uma parte ou órgão degenerado de um corpo, fazer um surdo voltar a ouvir, ou fazer os nervos mortos de um mudo se mexerem para que ele fale. Essas coisas podem ser curadas quando alguém que recebeu o poder de Deus ora com fé.

Uma vez que recebemos o poder de Deus, ele é manifestado continuamente. Mas com o dom da cura, o mesmo não acontece. O dom da cura é dado independentemente se a pessoa que o recebe é santificada ou não. É dado àqueles que acumularam orações, pelo amor que eles têm às almas ou àqueles que são corajosos e podem ser usados por Deus.

O poder de Deus (que é luz), por outro lado, só pode ser dado aos que se santificam. Uma vez recebido, não enfraquece ou desaparece. Quanto mais refletimos o coração do Senhor, maior é o poder que recebemos e maiores são as obras.

Só com o dom da cura, não é fácil curar doenças muito sérias ou raras e é ainda mais difícil quando o doente tem pouca fé. Mas com o poder de Deus, mesmo quando a pessoa doente tem pouca fé, a cura acontece imediatamente. Aqui, fé não se refere à fé intelectual, mas espiritual.

Os 4 Níveis do Poder de Deus que é Luz

Deus me fez entender que há diferentes níveis do Seu poder. Podemos entrar ou receber dele níveis maiores de acordo com a quantidade de verdade que é cultivada em nossos corações.

"Mas para vocês que reverenciam o meu nome, o sol da justiça se levantará trazendo cura em suas asas. E vocês sairão e saltarão como bezerros soltos do curral" (Malaquias 4:2).

Aqueles que têm seus olhos espirituais abertos, vêem as luzes semelhantes a raios laser, que descem e curam as doenças.

O Primeiro Nível do Poder de Deus é o poder associado à luz vermelha. É a luz do fogo do Espírito Santo com o qual as doenças são queimadas. Com o fogo do Espírito Santo, esse nível de poder queima as doenças causadas por vírus e germes. Cânceres, tuberculoses, diabetes, leucemia, doenças cardíacas, artrites, AIDS e outras doenças incuráveis também podem ser curadas.

Entretanto, esse nível de poder não pode curar todas as doenças. No caso de um câncer ou tuberculose terminal, por exemplo, se o paciente vai além da linha da vida colocada no corpo por Deus, é difícil curá-los com o Primeiro Nível de Poder. Quando os órgãos ou tecidos do corpo estão danificados e perderam sua funcionalidade, não se trata mais de uma questão de germes. O corpo tem de se formar e gerar novos órgãos e tecidos. Para fazer isso, temos de ter um poder maior.

No entanto, mesmo nesses casos, se o doente e seus familiares estiverem unidos em amor e mostrarem sua fé, as obras de Deus são operadas. No início da nossa igreja, vimos muitas obras que pertencem ao primeiro nível de poder acontecerem.

O Segundo Nível de Poder é o poder para expulsar o poder da escuridão. É associado à luz azul. Nesse nível, nós geralmente podemos expulsar a escuridão de pessoas possuídas por demônios e que estão recebendo as obras de Satanás.

Esse Segundo Nível de Poder também pode curar problemas ou distúrbios mentais ou do sistema nervoso, incluindo neuroses, esquisofrenias, fadigas de depressão física e mental, e colapsos nervosos. Esses tipos de doenças geralmente atingem aqueles que guardam intenso ódio ou outros sentimentos doentios, baixa auto-estima e perdem a paciência com facilidade.

Assim, com o Poder do Segundo Nível, muitos tipos de doenças que são causadas pelo poder das trevas são curadas, e este ainda sai da família, dos negócios e dos locais de trabalho da pessoa. Mortos também podem ser ressuscitados e o espírito de uma pessoa pode ser-lhe tirado.

O apóstolo Paulo ressuscitou Êutico (Atos 20:9-12). Quando enganaram o Espírito Santo, Pedro amaldiçoou Ananias e Safira e

eles caíram e morreram (Atos 5:1-11). Quando Elias amaldiçoou os jovens que caçoavam dele, duas ursas saíram do bosque e os despedaçaram (2 Reis 2:23,24). Todas essas ações foram feitas no segundo nível do poder de Deus.

O Terceiro Nível de Poder é relacionado com uma luz branca ou transparente. É manifestado em sinais e nas obras da criação. Um sinal é algo que é claramente visto com os olhos humanos, como quando um cego volta a ver, o mudo a falar, e o surdo a ouvir.

O coxo e o paralítico também são curados. Deformações, partes aleijadas ou partes de órgãos do corpo completamente degeneradas são regeneradas. Ossos quebrados ou a ausência de ossos também são curados.

O Quarto Nível de Poder é manifestado em uma luz dourada e é o nível da perfeição. Vemos esse nível manifestado por Jesus. Trata-se do poder que pode efetivamente mudar as condições climáticas. É o poder das 'maravilhas'. A chuva pode ser interrompida e nuvens podem ser movidas. Possuir o quarto nível do poder de Deus é ser capaz de controlar e administrar todas as coisas.

Até mesmo seres inanimados obedecem aos comandos de quem tem o qarto nível de poder. O envenenamento de quem foi envenenado por gás de monóxido de carbono é anulado e o calor sai do corpo de quem foi queimado. Quando Jesus amaldiçoou a figueira que não dava frutos, ela secou imediatamente (Mateus 21:19). Quando Ele repreendeu o vento e o mar, eles se acalmaram (Mateus 8:26).

As árvores, o vento, o mar e todas as coisas na natureza obedecem às ordens de Jesus. Assim como Deus criou o céu e a terra com Sua palavra, quando Jesus falava, as coisas Lhe obedeciam e se tornavam realidade.

Como em Hebreus 11:1, se tivermos uma fé perfeita como essa, as substâncias das coisas esperadas se tornam reais e as evidências das coisas invisíveis se tornam visíveis. Obras de criação de coisas do nada são manifestadas.

No Quarto Nível de Poder, o poder transcende as barreiras do tempo e do espaço com a liberação da palavra falada. Deus quer dar Seu poder a todos os Seus queridos filhos, mas é uma raridade achar uma pessoa que atinja esse nível.

Em Marcos 7:24-30, uma mulher cuja filha era possuída foi até Jesus e Lhe pediu que expulsasse o demônio de sua filha. Jesus viu sua humildade e fé e disse: *"...você pode ir, o demônio já saiu da sua filha."* Imediatamente o demônio saiu da filha dela e quando ela chegou em casa, encontrou sua filha liberta.

Assim, vemos que Jesus não foi ao lugar onde o doente estava. Apenas com o seu comando, o poder de Deus que vai além do tempo e espaço foi manifestado.

Obras extraordinárias

Em Atos 19:11,12 é registrado que *"Deus fazia milagres extraordinários por meio de Paulo, de modo que até lenços e aventais que Paulo usava eram levados e colocados sobre os enfermos. Estes eram curados de suas doenças, e os espíritos malignos saíam deles."*

Assim como Deus fez milagres extraordinários através do apóstolo Paulo, Deus tem feito através de mim também. Como no caso de Paulo, o poder da luz está contido nos lenços nos quais eu oro, e quando as pessoas oram por outras com fé, curas acontecem.

Na nossa igreja, muitos obreiros e pastores manifestam obras de cura através dos lenços e oração, na Coréia e em outros países.

No Quarto Nível de Poder, as doenças são curadas e o poder das trevas vai embora através do poder de Deus, que vai além das limitações do tempo e do espaço. Nele, sinais acontecem e todas as coisas do universo obedecem. Na luz dourada todas as obras que acontecem nos outros níveis podem ser manifestadas.

A História de uma Garota do Paquistão chamada Cíntia

O Rev. Wilson John Gil, do Paquistão, tinha uma jovem filha chamada Cíntia. Em julho 1999, ela começou a vomitar de uma hora para outra e ter diarréia com sangue. Foi hospitalizada no Hospital Rasheed de Lahore, mas seu corpo estava fraco demais para passar por uma cirurgia.

O nome da doença que ela tinha era 'doença celíaca' com obstrução colônica.

Naquela época, a irmã mais velha de Cíntia, Maria, estava na Coréia. Ela então me trouxe uma foto de Cíntia no dia 23 de julho de 1999 e eu orei fervorosamente por ela. Naquele exato momento, Cíntia então defecou pela primeira vez depois de dez dias sem fazê-lo. Recuperou-se rapidamente e já podia se sentar no dia seguinte. Teve alta depois de trêsdias e ficou completamente sã.

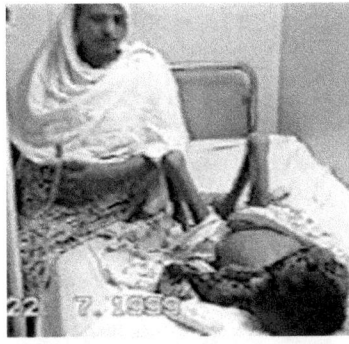

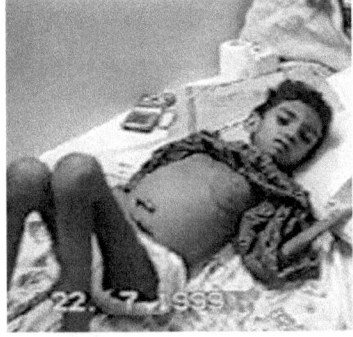

Cynthia no Hospital (22 de julho, 1999)

Cynthia saudável (2007)

Oração sobre a foto de Cynthia

O Maior Poder da Criação

Há, ainda, um nível maior de poder que está além dos quatro níveis já mencionados. É o Poder que pertence ao Deus Criador, na origem. Quando Deus disse: "Haja luz", houve luz. É o poder pelo qual tudo é realizado com a liberação da palavra.

Quando Deus ordena que um cego abra seus olhos, seus olhos são abertos. Quando Deus ordena que um paralítico ande, ele anda. As obras que Jesus operou na terra foram manifestadas pelo Maior Poder da Criação, que está acima dos outros quatro níveis de poder. É o poder do Criador em exercício.

Não tratamos aqui de um nível onde uma criatura recebe o poder de Deus e começa a operar variadas obras. Trata-se do poder que vem da luz original de Deus, que Ele possuía quando estava só, no tempo antes da criação.

No Evangelho de João, capítulo 11, podemos ver que Lázaro, que já estava morto há quatro dias e já não cheirava bem, foi ressuscitado e saiu do túmulo andando e seguindo o comando de

Jesus que disse: "Lázaro, saia!"

Quando alguém se livra de todas as formas de maldade, se santifica, torna-se uma pessoa totalmente espiritual, refletindo o coração de Deus e adquire ilimitado conhecimento espiritual. Ela pode entrar no nível que está além dos outros quatro.

Ao alcançar o nível do Mais Alto Poder da Criação, obras incríveis como as de Deus, ao criar todas as coisas com Sua palavra, acontecem.

Um Novo Milênio Começou com um Grande Sinal

No ano 2000, Deus tocou em meu coração, para que eu Lhe oferecesse um voto de oração. Então fiz quatro tipos de votos, pois Ele queria que eu me concentrasse intensamente nas orações. Deus me disse que eu teria de orar sozinho nas montanhas sem ter nenhum contato ou conversar com ninguém.

Naquele tempo, meu fardo era pesado devido às finanças da igreja e outras coisas, e para mim, seria muito difícil focar e concentrar nas orações. Se não fosse pela minha comunicação com Deus, certamente eu já teria tido sérios problemas causados por stress excessivo.

Durante Sua vida na terra, Jesus também orava sempre que tinha tempo. Apesar de Jesus ser o próprio poder de Deus, pelo fato de ele ter um corpo humano, Ele tinha de ser cheio da completude do Espírito Santo, através da oração, para que todo o poder de Deus fosse demonstrado.

No dia 21 de fevereiro comecei então o meu primeiro voto

de oração, que foi de dez dias. Nas montanhas, dormia apenas algumas horas e comia duas vezes por dia. Fazia refeições bem simples, o que me tomava somente dez minutos comendo. Com exceção dessas horas, orava o dia inteiro ajoelhado no chão e, em intervalos, lia a Bíblia.

"Como posso receber mais poder, fazer conhecido Deus Criador e salvar nem que seja só mais uma alma? Como posso fazer nosso Jesus Salvador conhecido? Como posso fazer com que as pessoas saibam da existência do céu e do inferno e com que as pessoas aceitem Jesus? Como posso evangelizar o mundo?"

Meu único desejo era alcançar o reino de Deus e Sua justiça. No entanto, depois que meu primeiro voto de oração acabou, senti-me de certa forma com vergonha e frustrado diante de Deus.

Orei o melhor que pude, mas vi que minha oração não foi a mesma que a de Jesus, quando Ele suou gotas de sangue no Getsêmani. Deus Pai, todavia, estava feliz comigo e deu-meu um grande presente.

O sinal da água amarga transfomar-se em água doce

Localizada no número 153 na vila de Chun-Jang, em Heje, no distrito de Muan, na província de Ceonnam está a Igreja Manmin de Muan. Hoje está conectada à terra principal, mas antigamente era uma ilha chamada 'Jookdo'. Ali havia um acampamento de jovens sendo construído e a Manmin de Muan usou aquela construção como santuário. O lugar está a apenas cinco minutos de carro da vila onde passei minha infância.

A Igreja Manmin de Muan chegou ao lugar em fevereiro de 1999, mas logo descobriram que não tinham água potável suficiente para continuarem ali. Haviam conseguido fazer uma cisterna outrora, mas tudo o que acharam foi água do mar, que só podia ser usada na piscina.

O Pastor Myeongsool Kim, da nossa igreja em Muan, sempre pensava em como seria bom se eles tivessem água potável fresca. Como não havia, a água chegava naquele lugar vinda de 3 km por uma mangueira.

As pessoas ali passavam por grandes dificuldades durante o inverno, pois a água da mangueira congelava.

Deus é o mesmo ontem e hoje

O Pastor Myeongsool Kim da nossa igreja de Muan leu sobre a água amarga de Mara, que se transformou em doce, no livro de Êxodo, e, então, pensou sobre aquela água do mar e na possibilidade de ela se tornar potável, se ele recebesse uma oração minha.

Êxodo 15:23-25 diz: *"Então chegaram a Mara, mas não puderam beber das águas de lá porque eram amargas. Esta é a razão por que o lugar chama-se Mara. E o povo começou a reclamar a Moisés, dizendo: "Que beberemos?" Moisés clamou ao SENHOR, e este lhe indicou um arbusto. Ele o lançou na água, e esta se tornou boa."*

Isso foi há mais ou menos 3.500 anos atrás, quando os israelitas atravessaram o Mar Vermelho. Eles estavam à procura de água no deserto de Sur e, como não acharam nada, começaram a reclamar de Moisés. Quando este orou a Deus, a água, que antes não dava para o consumo humano, transformou-se então em água doce e fresca.

O Pastor Kim e os membros da igreja desejaram também que

Poço de águas doces de Muan

eu fosse lá. Eles tinham a fé de que a água salgada do mar poderia ser transformada em água doce.

Durante minha primeira sessão de oração na montanha, orei especialmente pela Igreja Manmin de Muan. Ouvi dizer depois que no período de dez dias de minhas orações, havia arco-íris noite e dia sobre aquela igreja e que seus membros estavam jejuando e orando pela minha campanha na montanha.

Quando voltei, no dia 4 de março, depois da vigília de sexta, o pastor Myeongsool Kim veio até mim com alguns tópicos de oração, pedindo que eu orasse por eles.

Uma vez que os membros da Igreja de Muan estavam sofrendo bastante, não só orei pelos motivos que eles me apresentaram, mas também pela água salgada, pedindo que fosse transformada em água bebível e fresca. Deus ouviu essa oração e, transcendendo os limites do tempo e espaço, Ele manifestou Suas obras na cisterna de Muan – que estava há centenas de quilômetros de distância.

No dia seguinte, quando o Pr. Kim foi verificar a água, juntamente com os membros, viram que não estava mais salgada, mas totalmente pronta para ser consumida.

"Pastor, um milagre aconteceu! A água salgada ficou doce. A água do mar agora está pronta para ser consumida – totalmente potável!"

O Pr. Kim havia me ligado para contar-me aquela notícia. Podia ouvir a animada voz dos membros no fundo da ligação e sentir sua alegria.

Curas através da água doce

A água doce é fracamente alcalina e abundante em minerais. Não era apenas bebível; era também milagrosa por mostrar obras de cura. Os coreanos geralmente não possuem 'pálpebras duplas', que é uma dobra na pele da pálpebra superior; mas muitas pessoas que colocaram daquela água com fé sobre os olhos, tiveram-na formada imediatamente. Além disso, muitas pessoas foram curadas de problemas de pele e estômago.

O Pastor Sungchil Lee, da nossa igreja, levou seus três filhos para mostrar suas pálpebras. Todos os três nunca haviam tido pálpebras duplas, até que aquela água doce fosse aplicada e elas surgissem. Muitos foram os testemunhos de pessoas de outros países também.

Em Muan, há canos na cisterna e alguns crentes puderam ver com olhos espirituais que havia raios de luz descendo do trono

Peixe de água doce não sobrevive em água salgada; peixe do mar não sobrevive em água doce. Mas ambos podem viver juntos nas águas frescas de Muan

de Deus, iluminando-os.

Quando a água salgada passa por aquelas luzes, transforma-se em água doce. Não somente pessoas da Coréia, mas de todo o mundo, passaram a visitar o lugar. Algumas delas também puderam ver os raios de luz com olhos espirituais.

No dia 29 de março de 2000, a Diaconisa Hyeonju Oh estava tirando água fervente de um grande pote de metal. Acidentalmente, a água caiu e queimou seriamente a parte de trás de seu pescoço e seu peito. Imediatamente, ela recebeu as orações pelos enfermos gravadas na URA da Igreja com fé e sentiu o calor indo embora. Mais tarde, suas feridas estavam vazando, mas quando aplicou as águas de Muan, o vazamento parou.

Depois de três dias, ela recebeu uma oração minha. Em uma semana as cascas das queimaduras caíram e sua pele ficou completamente clara. Ela se recuperou totalmente e não teve nenhuma marca.

Animais também foram ressuscitados pelas águas de Muan

Isso aconteceu na casa de oração Galilee onde eu oro, em maio de 2003. Uma pomba brincava perto de um pastor alemão, sem se assustar com o latido do cachorro. Aquilo me preocupou.

"O cão está amarrado, mas se a pomba chegar perto dele, ele a morderá. Por que é que resolveu brincar exatamente perto dele?"

Quando o cachorro latia, a pomba recuava um pouco e, assim, continuou brincando por mais ou menos duas horas. O pastor já parecia cansado demais para continuar latindo.

Ouvi uma história interessante do homem que tomava conta daquela casa de oração. Poucos dias atrás, uma pomba havia caído no quintal e mancava sobre o chão. Quando ele a viu, ela já tinha perdido muitas penas e estava morrendo. Parecia ter ingerido algum tipo de veneno.

Ele queria muito salvá-la, e então orou por ela e deu-lhe de beber da água de Muan. Depois que ela tomou daquela água várias vezes, parece que ganhou forças e foi embora voando.

Do dia seguinte em diante, a pomba visitava aquele lugar toda manhã. Ia apenas brincar no quintal ou ficar nas árvores e, algumas vezes, ainda levava outros pássaros consigo. Nunca tinha visto uma pomba que visitasse uma casa de oração desse jeito.

Ao ouvir essa história, fiquei comovido e impressionado

pelo fato de até mesmo os pássaros conhecerem a graça. Aquela pomba continuou indo naquele lugar, a fim de retribuir a graça que havia recebido. Na montanha, ela devia ter muito mais amigos, mas continuava indo ali e, na maioria das vezes, sozinha. Pedi, então, àquele homem que colocasse alimento suficiente no quintal, para que a pomba fosse ali com outros pássaros.

Jindol voltou do limiar da morte, depois de dezoito dias

Temos um cão lindo chamado 'Jindol'. O zelador costumava soltá-lo da coleira uma vez por dia para que Jindol pudesse ir para um lugar perto da montanha e voltar em meia hora. Mas em um dia de neve, Jindol desapareceu. Procuramos em todo lugar, mas não o achamos; e os dias foram passando.

Quase desistimos. No entanto, depois de dezoito dias, lá estava Jindol. Pudemos ver que ele havia caído em uma armadilha na montanha e sofrido terrivelmente. Estava com um fio de metal enrolado em seu pescoço e gravemente machucado.

Ele estava extremamente magro – pele e osso. Não tinha mais pêlo em seu pescoço e o fio tinha-o cortado até atingir seu osso. Ele deve ter lutado tanto na lama, que ela cobria todo seu corpo. Os obreiros então passaram a espirrar a água de Muan em seu pescoço continuamente. Também cozinhavam peixe para oferecer-lhe nutrição e eu, triste em saber de sua situação, também orei por ele.

Ele não gostava muito de mim. De vez em quando o acariciava, mas só quando eu ia à casa de oração. Ele não me recebia muito bem e deixava até de obedecer a quem o alimentava.

No entanto, depois do que lhe aconteceu, Jindol mudou

completamente. Só de ouvir o som do meu carro ele não conseguia controlar sua alegria e o abano de seu rabo. Agora ele obedece e é amado por todos.

Assim como as pessoas passam por provações e se tornam mais maduras, Jindol parecia ter percebido o valor de seu lar e passou a se sentir grato a seus mestres. Depois de experimentar o limiar da morte, se não fosse por seu mestre, ele se transformou em um cão dócil e obediente.

Comprovado pelo teste FDA

Algumas pessoas possuem uma idéia errada da água doce de Muan. Recentemente, uma emissora coreana chamada MBC, divulgou algo sobre ela que, por causa de uma visão preconceituosa, gerou alguns mal-entendidos.

A FDA (Administração de Alimentos e Drogas) é um órgão pertencente ao Departamento de Saúde e Serviços Humanos dos Estados Unidos da América. Eles mantêm as medidas de segurança e padrões para alimentos, remédios, componentes químicos, cosméticos e suplementos alimentares. Eles os testam e aprovam.

A FDA fez testes nas águas de Muan que medem as quantidades de minerais, a possível presença de um metal pesado, a possível presença de resíduos de pesticidas, a possibilidade de causar irritações na pele e um teste apurado de toxidade oral.

O resultado de que a água doce de Muan é boa e segura para consumo humano foi geral. Foi descoberto, inclusive, que a água é rica em minerais necessários ao corpo humano e, excepcionalmente, rica em cálcio, que foi três vezes maior do que o das famosas águas da França e da Alemanha.

Foi provado que a água doce de Muan é excelente para ser consumida. Até espiritualmente, aqueles que crêem que ela contém o poder de Deus e a bebem ou colocam sobre alguma parte do corpo experimentam obras de cura divina.

Críticos diziam: "Estão embebedados"

Depois da ressurreição do Senhor, Pedro recebeu o Espírito Santo e manifestou muitos sinais como curar enfermos e expulsar demônios. Os judeus, com inveja dele, colocaram Pedro e outros apóstolos na cadeia. Quando Paulo expulsou um demônio, foi espancado e aprisionado também.

No dia de Pentecostes, os judeus de muitas nações viram os discípulos do Senhor cheios do Espírito falando em outras línguas. Eles ficaram muito surpresos, mas não consideraram que era uma obra Sua. Na verdade, zombaram deles, dizendo que estavam bêbados.

Da mesma maneira, existem pessoas que criticam as obras do Espírito Santo dizendo que Suas obras são misticismo ou algum tipo de coisa premeditada. Eu realmente sinto muito, quando ouço coisas assim.

Deus nos mostrou o sinal de transformar água salgada em água doce, depois da minha primeira oração na montanha. Ele nos fez saber que Ele me daria sabedoria de uma dimensão maior, a partir da minha segunda sessão de oração na montanha – a sabedoria para resolver qualquer tipo de problema difícil.

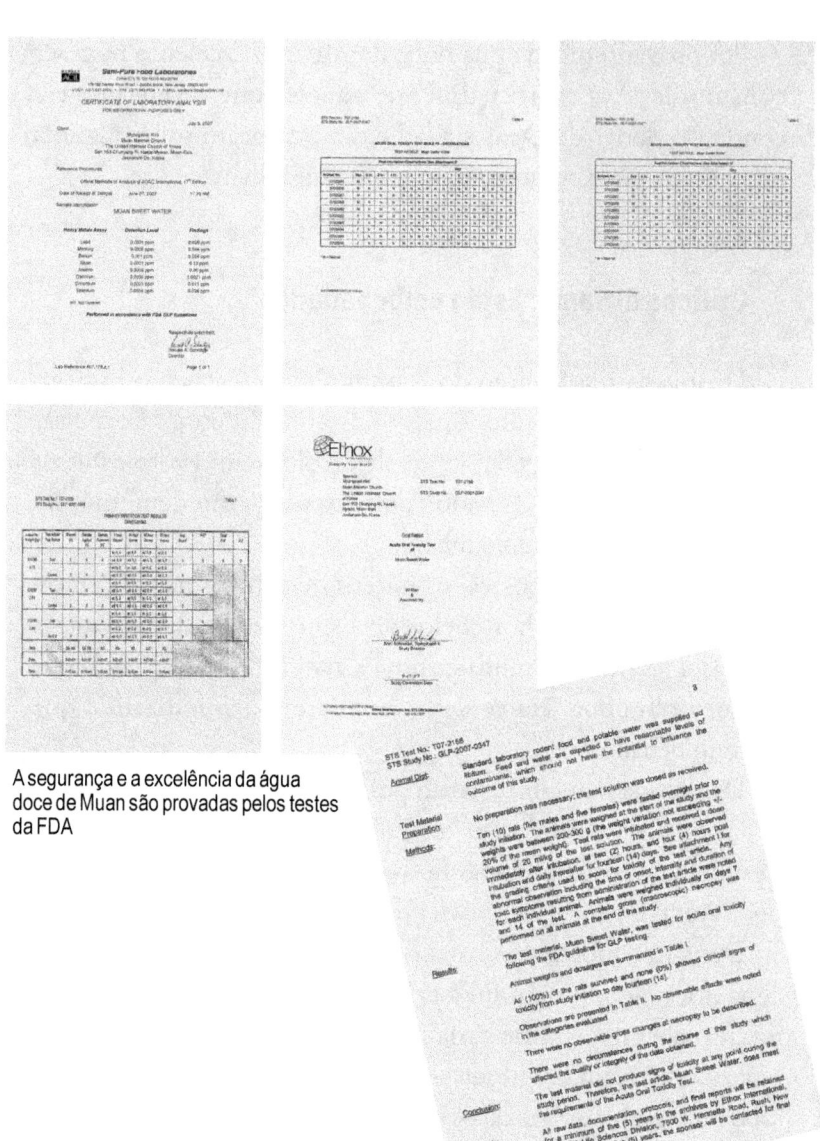

A segurança e a excelência da água doce de Muan são provadas pelos testes da FDA

Oração no Monte e Arriscando Minha Vida

Na terceira sessão de oração no monte, Deus me disse para fazer oração como a de Jacó, quando ele quebrou seu quadril. Ele também me disse para orar como se meu coração fosse explodir. Isso significava que eu teria de entregar toda a minha vida. Deus então me deu Sua palavra durante a oração:

"Salve as almas rapidamente com este evangelho santo. Eles dizem: 'Senhor, Senhor, eu creio' com seus lábios. Mas eles não têm fé para reconhecer-Me em seu interior. Se eles realmente cressem em Mim, depositariam sua confiança em hospitais, quando alguma coisa acontecesse? Fingem ser santos por fora, mas por dentro, julgam, condenam ou caluniam os outros. São sepulcros caiados. Assim como um cego guia outro, há servos de Deus e professores que têm guiado numerosas almas para um caminho de morte.

*Pregue esse evangelho rapidamente por todo o mundo.
Ensine-os como podem receber a salvação. Desperte
todas as almas do mundo."*

Aquilo queria dizer que, nos últimos dias, há poucas pessoas que possuem realmente fé espiritual para receber a salvação. Deus me mostrou como Moisés orou. Explicou-me como ele orou para receber os Dez Mandamentos, sem nem mesmo beber água, no Monte Sinai.

No Monte Sinai, não havia água ou árvores, flores ou pássaros. Era um deserto cheio de pedras e areia, onde achar uma planta era algo raro. Moisés orou sozinho. Enquanto fazia as primeiras orações, Josué estava com ele, mas na segunda vez que orou para receber os mandamentos novamente, estava sozinho.

Moisés não pôde ter sido bem alimentado. Estava usando roupas velhas e orava empenhadamente de joelhos dia e noite. Sangue saía de suas mãos e seus joelhos se arranharam a ponto de revelar seus ossos. Orava sem cessar com esse tipo de dor, e isso foi por quarenta dias até receber a resposta de Deus – os Dez Mandamentos.

Receber os mandamentos de Deus e ouvir a Sua voz não é algo fácil de fazer. A pessoa tem de se fazer completamente pura e obediente. Quando terminei minha terceira oração no monte/ montanha, Deus me disse que eu havia orado arriscando minha vida. Ele me ensinou alguns segredos do mundo espiritual e das coisas que hão de vir.

Segurando na palavra de João 14:12, orei para receber porção dobrada do poder e inspiração do Espírito, a fim de realizar as obras maiores das quais Jesus falou.

Isso porque o poder e a clara inspiração de Deus são essenciais nesse final dos tempos, em que o mundo está tão cheio de pecados. É também para salvar aqueles que não acreditam, mesmo depois de ver e quebrar os ídolos e pensamentos do Darwinismo, que têm prevalecido nos dias de hoje. Deus agradou dessa oração e deu-me uma promessa de que ela seria atendida.

No final de abril, logo antes do Encontro de Avivamento de maio de 2000, comecei o quarto voto de oração. Deus me disse para não pensar em nada, nem mesmo em minha família ou igreja. Só pensava no céu e em Deus Pai, dia e noite, e clamava em oração.

Eu também freqüentemente observava as nuvens e o sol durante o dia e a lua e as estrelas à noite, aprendendo mais sobre o amor e a providência de Deus. Ele me ensinou muitas coisas e revelou-me muitos segredos do mundo espiritual. Aprendi ainda mais profundamente sobre o reino dos céus e espíritos malignos que exercem funções importantes no inferno.

Depois que os quatro votos de orações acabaram, Deus comparou o poder que estava para ser manifestado às Cataratas do Iguaçu. Ele ia responder aos crentes só de eles demonstrarem um pouco que fosse de fé. No Encontro de Avivamento de maio, não coloquei minha mão sobre cada pessoa doente, mas orei por elas de uma só vez do púlpito.

Só de orar uma vez, muitas doenças foram curadas: visões recuperadas, aleijados se levantaram de suas cadeiras de rodas e tudo que me restava fazer era dar graças a Deus.

Não destrua as recompensas acumuladas no céu

No dia 2 de junho de 2000, ao sair de casa para a vigília de sexta, pude ver um senhor, já de idade, Jongkyoo Lee. Ele estava gravemente enfermo e, quando o vi, percebi que tinha de orar por sua salvação e não pela sua cura. Ele estava aterrorizado com algo e não conseguia falar.

Com a inspiração do Espírito, pude ver que anjos e espíritos malignos estavam lutando para levar sua alma para o lado deles. Isso significava que seria difícil para ele ser salvo naquela situação. O mal o estava acusando diante de Deus, para que pudesse levá-lo para o inferno.

Pude ver que a situação era delicada e orei: "Todos os espíritos malignos, principados do ar, vão embora! Pai, aceite o espírito dele."

As pessoas ao meu redor se surpreenderam e me pediram para orar por sua cura.

Uma delas disse: "Pastor, ele é o líder do grupo de voluntários por muitos anos e tem de ir ao próximo culto devocional do grupo."

Eu disse: "Você não ouviu a minha oração? Ela foi exatamente o que eu falei."

Depois de receber minha oração, o rosto daquele senhor tinha paz e lágrimas começaram a descer. Ele havia ganhado paz em meio a uma dor inimaginável. Disse à sua família que começasse a preparar seu funeral e também pedi aos obreiros da igreja que dessem o melhor de si em seu enterro, já que, como haviam dito, ele tinha sido o líder do grupo de voluntários há muitos anos.

Foi um caso no qual, apesar de trabalhar para a igreja, mal recebeu a salvação. No dia seguinte, 3 de junho, ele veio a falecer. Deus me mostrou que ele estava no túmulo de cima, onde pessoas salvas estão esperando. Muitas pessoas estavam esperando também e, por isso, havia uma longa fila e ele estava com a cabeça baixa.

"Você não sabe por que esse filho meu está cabisbaixo? É

porque ele é um membro da Manmin que comeu da comida espiritual oferecida por você."

Como um membro da Manmin, ele ouviu a palavra da vida. Era já idoso e cabeça de um grupo de voluntários. Deveria ter ido para um lugar melhor no terceiro reino ou na Nova Jerusalém, por exemplo. No entanto, recebeu a mera salvação. Em outras palavras, recebeu a salvação 'vergonhosa' e só foi para o paraíso. É por isso que ele não podia levantar sua cabeça. Deus me fez saber que ele estava agradecendo com lágrimas, por ter sido salvo, e confessou que oraria por mim até me encontrar de novo.

Então, por que um obreiro fiel, naquele momento, teve de receber esse tipo de salvação 'vergonhosa'? Deus me fez saber o motivo a seguir:

Quando nossa igreja passou pelos três testes, como líder do grupo de voluntários, aquele senhor deveria ter se achegado ao pastor e aos demais membros mais que qualquer outra pessoa. Todavia, ao ouvir os falsos rumores e ver os materiais feitos pelas pessoas más, ele ficou abalado.

Eu ensinei aos membros da igreja e enfatizei muitas vezes a importância de eles não verem, ouvirem ou espalharem nada que não fosse verdade; mas ele desobedeceu. Ele ouviu aqueles que estavam tentando nos destruir e seu coração entrou em dúvidas.

No acidente de 1999, inclusive, ele estava em uma posição na qual deveria proteger a igreja e o pastor, mas deixou ser enganado pelas pessoas mal intencionadas e não cumpriu seu dever. Por ele ter desapontado Deus dessa maneira, Deus não pôde mais sustentá-lo. Suas recompensas acumuladas no céu foram retiradas e tornou-se difícil ele ser salvo.

Foi por causa disso que o inimigo lhe trouxe acusações, a fim de levá-lo para o inferno; mas anjos estavam tentando levá-lo para o céu. Como deve ter sido doloroso para ele estar sob tal condição! Naquela situação, quando orei expulsando os demônios, eles foram embora e ele foi salvo.

Assim, se condenamos uma igreja que Deus ama como herética, ou condenamos um pastor que é amado por Deus como herético ou o caluniamos de outras formas, trata-se do pecado de blasfêmia contra o Espírito Santo. Se alguém comete esse tipo de pecado, ele não pode ser perdoado, por mais que a pessoa se arrependa. Sua salvação torna-se muito difícil e todas as suas recompensas que haviam sido armazenadas no céu são destruídas.

Portanto, devemos guardar a palavra e trabalhar nossa salvação com tremor e temor todos os dias (Filipenses 2:12).

Uma Profecia sobre a Coréia do Norte

No dia 13 de junho de 2000, o Presidente Kim Daejoong chegou ao aeroporto Soon Ahn em Pyong-yang, na Coréia do Norte. Foi a primeira vez que o Presidente da República da Coréia visitou a Coréia do Norte para um encontro de cúpula. Em dezembro de 1983 eu profetizei que o Sul teria comunicação com o Norte depois de três anos. Foi logo depois do ataque terrorista da Coréia do Norte a muitos ministros em Myanmar, que o relacionamento entre eles congelou. Se alguém dissesse qualquer coisa que não concordasse com a política do governo norte-coreano, a pessoa estava violando a 'Lei de Segurança Nacional'.

O ataque terrorista aconteceu em outubro de 1983, quando o Presidente Doohwan Chun estava visitando seis lugares. Myanmar foi o primeiro deles. Enquanto visitavam o túmulo de Aung San, houve uma grande explosão e dezessete pessoas da equipe do presidente morreram e quatorze ficaram feridas.

Logo foi descoberto que esse ataque havia sido liderado por Kim Il Sung, o líder da Coréia do Norte naquela época. As relações Norte-Sul foram completamente congeladas e ninguém podia imaginar nenhum tipo de troca entre eles. No entanto, três anos mais tarde, no início de janeiro de 1987, sugestões foram oferecidas a fim de fazer com que houvesse diálogos políticos e militares entre o Sul e o Norte – uma Conversa entre os Primeiros Ministros do Sul e Norte – e negociações para a redução de forças militares também seriam propostas. Em 1990, eu profetizei que as relações Norte-Sul melhorariam ainda mais e continuariam a melhorar.

Em setembro daquele ano, as primeiras Conversas dos Oficiais de Alto Escalão do Sul e do Norte foram realizadas em Seul. Em outubro houve uma partida de futebol entre o Sul e o Norte, e as pessoas se surpreenderam com os repentinos eventos inesperados. Desde então, muitos intercâmbios entre os dois lados, incluindo os Diálogos Atléticos e mais Conversas Oficiais de Oficiais de Alto Escalão aconteceram naquele ano.

Logo depois da inauguração da nossa igreja, Deus me fez saber que haveria encontros de cúpula entre o Sul e o Norte e como as situações fluiriam no fim dos tempos.

O Senhor me disse que quando ocorressem as conversas para selecionar um único presidente para o Sul e o Norte, então, isso significava que Ele estava à porta. Logo, esses acontecimentos têm forte ligação com a vinda do Senhor pelo ar.

O encontro de cúpula, como foi profetizado

Do jeito como Deus me havia feito saber em 1983, o Encontro de Cúpula entre o Sul e o Norte foi realizado no dia

15 de junho de 2000. Pouco antes de sua ocorrência, no dia 4 de junho, eu disse o que iria acontecer com relação àquele encontro. "A Coréia do Norte tem sua própria agenda para esse encontro de cúpula. Nossos representantes não devem ser enganados. Uma razão é a economia, mas é algo pequeno. Quero encorajar a vocês, membros, a orar por isso."

No dia 11 de junho, no culto de domingo, eu expliquei o que Deus me fez saber.

"As Conversas serão conduzidas. A primeira será bem amigável: as pessoas farão caminhadas e até brincarão umas com as outras. Haverá muitas trocas políticas, econômicas e esportivas. Todavia, a partir da segunda conversa, o presidente terá dificuldades por causa de sua agenda. Por favor, orem para que consigamos evitar esta grande dificuldade. Aqui, 'fazer caminhadas' significa que dois líderes caminharão e conversarão de uma maneira íntima e amiga."

De fato, no dia 13 de junho, quando o Presidente Kim Daejoong chegou a Pyong-yang, Kim Jong-il foi ao aeroporto recebê-lo. A maioria das pessoas esperava que o clima da conversa fosse, de certa forma, constrangedoa e difícil.

Contudo, durante a visita do Presidente, Kim Jong-il mostrou-se realmente amigável, andando com o Presidente Daejoong. Aquilo surpreendeu o povo do Sul. Expressões como 'o choque Kim Jong-il' ou 'síndrome de Kim Jong-il' surgiram.

Como Deus havia me dito, o encontro de cúpula foi realizado de maneira bem amigável e eles prometeram se encontrar mais. Quando a primeira conversa aconteceu, muitas pessoas se emocionaram e todo o país estava feliz com aquele ambiente.

Escondidos planos elaborados

Depois que o Presidente Kim Daejoong voltou para o Norte após sua visita, no dia 16 de junho, tivemos uma vigília de sexta no dia 18 e eu expliquei o que Deus me fez saber. A Coréia do Norte se mostrava amiga e recebia o Presidente do Sul com um plano bem detalhado por trás.

Deus disse que logo que o Presidente Kim Daejoong voltasse do Norte para o Sul, o Presidente Kim Jong-il, do Norte, se reuniria com os seus em uma sala secreta, a fim de discutirem sobre uma reunificação com uso de força. Analisaram cada pessoa do Sul e quais delas seriam úteis ao Norte.

Enquanto o povo do Sul, enganado pelas amigáveis atitudes do Norte, estava sonhando com uma reunificação pacífica, o Norte fazia planos para unificar os dois lados à força.

Deus me deixou saber que Kim Jong-il capturou as mentes das pessoas do Sul através de curtos momentos em que recebeu o Presidente Kim Daejoong. Até então, aquelas pessoas tinham uma imagem negativa de Jong-il, mas, através dos encontros, ela se tornou positiva.

Deus também me fez saber que a então chamada 'Política Luz do Sol' não teria bons resultados. Quando o norte recebesse recurso, ia cooperar, mas só temporariamente. São amigáveis por fora, mas por dentro são totalmente diferentes. Essa palavra tornou-se realidade. O norte tem preparado armas nucleares seguindo seus próprios planos.

Pouco depois que abri a igreja, Deus me fez saber que a Coréia do Norte se abriria um dia. E esse dia está próximo, com a pressão dos Estados Unidos e de outros países. Para esse tempo, temos alguns pastores e membros que estão se preparando para obras missionárias ali.

Entretanto, o período de tempo da abertura da Coréia do Norte será curto. Sentirão seu sistema ameaçado e fecharão as portas novamente. Antes de se fecharem, alertarão aos estrangeiros que saiam do país e então muitos missionários sairão dali. Alguns, todavia, permanecerão até o fim, para pregar o evangelho e, por fim, se tornarão mártires.

Capítulo 5

Como as Águas Formam o Mar

O Começo de Missões Internacionais em Grande Escala

Desde a primeira vez que a igreja abriu suas portas em julho de 1982 em um pequeno lugar de mais ou menos setenta metros quadrados, tenho orado com vários obreiros pela missão mundial e a construção do Grande Santuário, que foi a visão dada por Deus.

Dezessete anos depois, diante do Milênio e da providência de Deus, a missão mundial começou em grande escala.

No livro de Atos, podemos ver um grande avivamento em Jerusalém no tempo da igreja primitiva. Contudo, como adas perseguições contra ela se intensificaram muito, os crentes se dispersaram para todos os lugares.

Através das perseguições, entretanto, a fé dos crentes se fortaleceu e o começo da disseminação do Cristianismo começou em todo o mundo. Apesar de o inimigo ser perturbador, a vontade e a providência de Deus certamente serão realizadas.

Desde o começo, nossa igreja é cheia do Espírito Santo.

Naquele tempo, havia vários sinais e maravilhas manifestados, e então crescemos rapidamente. É óbvio que o inimigo tentou nos destruir.

À medida que cada teste vinha, nós o enfrentávamos e vencíamos com fé e amor, e Deus nos dava crescente poder. Começou com Uganda, em julho de 2000, a missão mundial em grande escala.

Uganda: o ponto de partida da Missão Mundial

Apesar de Uganda ser chamada de "A Pérola da África", é um país que está desesperadamente necessitado da graça de Deus. Lá, enfrentam-se questões como a pobreza, doenças e guerras civis. Estatisticamente, 30 % de toda a população são HIV positivo e o vírus tem se espalhado rapidamente.

Os cristãos de Uganda ainda estavam alertas, porque havia uma tendência mundial de crescimento do islamismo.

Enquanto eu falava na Cruzada Unificada de Uganda, pude ver por que Deus me havia enviado àquele país.

No avião de Londres para Nairobi, vi um arco-íris circular na janela. Era extraordinário. O avião estava dentro do arco-íris e, daquele momento em diante, sempre que íamos a outros países em missão, arco-íris apareciam.

No dia 4 de julho de 2000, cheguei à delegação de nossa missão em Uganda. Vários líderes políticos e religiosos foram ao aeroporto nos receber, inclusive o Secretário de Religião do Presidente, o Prefeito da cidade de Kampala, o Sr. Jehoah Nkangi, e o Ministro da Justiça de Uganda. As pessoas do lugar, com suas roupas tradicionais, nos deram boas-vindas com sua animada dança e saudação.

Em nosso caminho do aeroporto ao hotel, muitas pessoas acenavam para nós. Pude ver também grandes cartazes sobre a cruzada. Ela havia sido divulgada na TV muitas vezes e a imprensa local também estava muito interessada no evento. Fizemos uma conferência de imprensa no Hotel Nilo, em Kampala, e muita gente da imprensa se reuniu, incluindo o CTV. Prometi a eles que os cegos voltariam a ver, os paralíticos a caminhar e muitos outros milagres seriam manifestados, para que glórias fossem dadas a Deus.

Entretanto, à medida que a cruzada era divulgada, Satanás e seus demônios tentaram atrapalhar as coisas. Através de alguns missionários coreanos, muitos falsos rumores começaram a circular e algumas pessoas da imprensa ainda foram convencidas a se levantar contra o evento.

Mas a fé genuína dos africanos reagiu de uma forma completamente diferente daquela que os missionários coreanos haviam esperado. Suas obras que visavam a atrapalhar a cruzada fizeram-na ser ainda mais divulgada e conhecida. Não apenas oficiais do governo, mas também ainda mais pessoas da imprensa vieram a ter interesse na cruzada.

A Conferência de Líderes de Igreja

Nos dias 5 e 6 de julho, a Conferência de Líderes de Igreja foi realizada no Hall Internacional de Conferência de Kampala. Milhares de pastores de Uganda, do Kênia e Tanzânia participaram e o evento foi cheio de seu fervor. Até os corredores estavam lotados.

Preguei uma mensagem com o título de 'Santidade a Deus'. Todos estavam bem atentos e quando comecei a falar sobre sinais e maravilhas de Deus no meio da pregação, começaram a glorificar a Deus com palavras de louvor e aplauso. Eles estavam se regozijando como se aquelas obras de Deus estivessem realmente acontecendo.

Ao ouvirem sobre as obras de Deus, muitas pessoas na Coréia fizeram algumas 'caras e bocas' e tentaram condenar, atrapalhar ou interromper tais coisas. Na Uganda, entretanto, as coisas foram bem diferentes. As pessoas ali tinham corações puros para crerem na Palavra de Deus como ela é.

A Cruzada Unificada foi uma explosão com as obras de cura

Os próximos três dias da cruzada foram realizados no Estádio Nakivubu. O público do primeiro dia foi de mais ou menos 70.000 pessoas. A abertura foi feita pelo Bispo Grivas Musisi e eu preguei sobre Deus Criador.

A pregação foi traduzida para o inglês e ugandês, então, a duração real do sermão original foi de aproximadamente vinte minutos.

Depois da mensagem, orei pelos doentes por apenas uns cinco minutos. Apesar de ter sido rápido, obras de cura aconteceram tremendamente naquele primeiro dia. Eu tinha visto uma moça que estava deitada debaixo do palco e não conseguia se mover.

Algumas pessoas que pareciam ser de sua família a sacudiam, mas ela permanecia sem reações. No entanto, depois que a oração terminou, ela se levantou e subiu no palco. Quando as pessoas viram aquilo, ficaram realmente animadas e entusiasmadas.

Uma garota que tinha queimaduras em sua perna e não conseguia andar estava andando. Uma outra pessoa que tinha uma perna mais curta que a outra havia sido curada e podia andar normalmente. Além disso, muitas outras pessoas se apressavam para dar seus testemunhos de cura de AIDS, doenças de pele e vários outros milagres de Deus.

No segundo e no terceiro dias, obras ainda mais fortes foram manifestadas. Quando as pessoas se desfaziam de suas muletas e bengalas e iam lá na frente, o público gritava sua maneira singular de louvar. Os flashes dos fotógrafos e de outros membros da imprensa continuavam sendo disparados e a entonação da voz de um repórter de plantão aumentava de tanta surpresa.

Uma pessoa que andava de muletas, já há quatorze anos, as arremessou para longe. O cego passou a enxergar. Havia um homem que não podia andar por causa de um câncer, mas estava andando. Um menino de seis anos de idade, que não podia falar nem caminhar, agora falava e caminhava.

Transmitida na CNN

Com testemunhos de cura, aplausos e louvores, o estádio estava como um pote de emoções e empolgação. Algumas das pessoas acenavam com seus lenços e outras dançavam e levantavam suas cadeiras.

A cruzada foi transmitida ao vivo por uma emissora de TV nacional de Uganda e pela WBS. Notícias sobre o evento eram reportadas todos os dias em quatro canais e em diferentes estações de rádio. Até a CNN e uma emissora do Reino Unido fizeram relatos dos acontecimentos:

"O Dr. Jaerock Lee provou que é um homem de Deus ao mostrar os sinais e maravilhas de Jesus Cristo através do poder de Deus. São coisas que só podem vir de Deus..."

Mesmo depois do término da cruzada, a CNN ainda relatou sobre o poder de Deus mais três vezes. Deus havia planejado aquilo de uma maneira que Suas obras fossem conhecidas

Na CNN

primeiro em outros países. Quando as pessoas que haviam sido curadas testemunhavam, outras ganhavam fé ao ver as obras de Deus. Muitos foram os lenços que as pessoas levaram para que eu orasse neles.

Grande também era a quantidade de pedidos de oração e fotos que trouxeram. Não tive tempo para orar por cada um deles, mas orei para todos de uma só vez. Logo depois, outras pessoas me trouxeram uma outra pilha de pedidos de oração e fotos e eu fiz o mesmo.

Os líderes da Igreja de Uganda ouviram a mensagem pura e viva e testemunharam obras inquestionáveis do poder de Deus. Confessaram que haviam sido fortalecidos e tido sua fé edificada.

Depois da cruzada, alguns pastores foram até mim e, sobre joelhos, se arrependeram por terem tentado atrapalhar a Cruzada. Ouvi dizer que a organização também recebeu vários telefonemas de pessoas arrependidas por motivos semelhantes. Uma vez que não entendiam que eu era um homem de Deus e que haviam tentado interferir em tudo, queriam saber o que podiam fazer para que tudo ficasse bem.

Aceitando as obras do poder de Deus

Uma irmã muçulmana de 22 anos de idade, que era incapaz de

andar devido à paralisia que tinha em seus membros inferiores, foi curada na cruzada e autoridades islâmicas proibiram que o assunto fosse comentado. Ouvi dizer, entretanto, que ela havia dito: "fui à cruzada, recebi cura e tenho de dar esse testemunho."

O povo de Uganda era humilde de coração e aceitou o evangelho da santidade e as obras do poder de Deus com corações puros. Quando alguém era curado perto deles, tanto pastores como crentes ainda leigos se regozijavam e louvavam como se eles próprios tivessem recebido a cura. Mesmo depois que a cruzada acabou, as pessoas ainda não se dispersaram por um bom tempo, e aquela pureza e bondade de coração me comoveram.

Uma mulher então viu algo com seus olhos espirituais. Confessou que viu cavalos e carruagens de fogo ao redor do lugar da cruzada (2 Reis 6:17). Deus desfez as obras do inimigo através daquilo. 'Cavalos e carruagens de fogo' significa que o exército celestial estava lá.

Depois da cruzada, quando orei pelo povo de Uganda, Deus me deixou saber que apesar de eles poderem cantar louvores de todo seu coração, eles não conheciam muito sobre Sua palavra.

"As pessoas deste país cantam louvores de todo seu coração e dão glória a Deus. Eles conhecem a Deus no meio dos louvores, mas não O conhecem no meio da palavra. Mas dessa vez, você fez com que eles conhecessem claramente o Deus no meio da palavra."

A Palavra de Deus e as obras do poder de Deus que se manifestaram na cruzada foram amplamente conhecidas através da mídia e de emissoras de TV. As igrejas de Uganda se unificaram através dela.

Dez Surdos-Mudos São Curados na Cruzada de Nagóia

Depois da Cruzada de Uganda, Deus nos levou a uma cruzada no Japão. O Japão serve a muitos ídolos e a população de cristãos não chega nem a 1% do total.

Alguns pastores japoneses foram tocados na Cruzada Unificada Coréia-Japão, realizada em nossa igreja em 1992. Eles queriam estabelecer uma relação contínua e um suporte missionário conosco. Mandamos então o nosso primeiro missionário ao país em 1994 e estabelecemos ali uma filial de nossa igreja. Aquele foi o começo da nossa missão no Japão.

A cruzada havia sido agendada para começar no dia 14 de setembro de 2000, mas do dia 11 em diante começou a chover muito devido à influência de um tufão. Os noticiários mostravam a cidade de Nagóia inundada e diziam que o tufão podia ir em direção à Coréia.

Mais de 30.000 casas já haviam sido tomadas pela água. Nagóia ordenou que 17.000 pessoas evacuassem imediatamente e toda a cidade parou. Na semana na qual a cruzada estava agendada para acontecer houve alerta de tempestade para o lugar.

Entretanto, no dia 13 de setembro, quando chegamos ao Japão, a tempestade parou e a água na cidade foi drenada. A cruzada pôde ser realizada como planejado – dias 14 e 15 – num clima claro de outono. A orquestra Nissi da nossa igreja apresentou com alta qualidade sua performance cristã.

Algo especial sobre essa cruzada foi que treze surdos-mudos haviam participado dela. Tínhamos tradução para linguagem de sinais para eles e eles estavam sempre atentos para entenderem a mensagem.

Através de uma oração no segundo dia, dez foram curados de uma só vez com a compaixão de Deus. Vê-los se regozijando e dando seus testemunhos de que podiam ouvir foi realmente comovente.

Nishio Shenbiro estava transbordante de alegria. Dizia que não podia ouvir desde que nasceu e que até dois anos antes da cruzada vinha ouvindo um zumbido, mas que ele havia desaparecido e que aos poucos ela pôde ouvir.

Fui para o Paquistão com um Sentimento de Mártir

O Paquistão possui noventa e sete por cento de sua população muçulmana. Segundo sua constituição, eles são livres para escolher sua religião, mas na verdade, os cristãos são tratados mal em diferentes situações.

Sofrem violência e às vezes são até assassinados, mas são incapazes de exigir seus direitos. Uma vez que é uma região de bombardeios entre diferentes grupos de muçulmanos, que chance um cristão teria?

Eu realmente tinha de ser preparado para um martírio. Quando orei por essa cruzada, Deus disse: *"Lá enfrentarão muitas obras contrárias até o início da cruzada em si. Mas eu moverei um oficial de alto escalão para ajudá-lo; então não se preocupe. A cruzada não terá acidentes ou infortúnios, e você me glorificará grandemente."*

No dia 16 de outubro de 2000, durante o vôo para o Paquistão, pude ver um claro arco-íris em forma circular do lado de fora da janela.

Percebi que Deus me mostrava aquele arco-íris significando que Ele estava garantindo que os quatro dias de cruzada no Paquistão seriam com as luzes do poder de Deus nos quatro níveis. Pastores, organizadores e a imprensa estavam esperando por nós no aeroporto.

Cíntia, filha do Rev. Wilson John Gil, nos recebeu com um buquê de flores (já falei um pouco de seu testemunho no capítulo 3). Ela cresceu e era uma moça saudável.

Na cidade de Lahore, vimos muitos pôsteres sobre a cruzada. Esta também havia sido divulgada em vários outros meios da mídia. No entanto, vários pôsteres haviam sido rasgados por muçulmanos e sofremos até ameaças de bomba.

No dia 18 de outubro, os organizadores prepararam um banquete de boas-vindas no Hotel Internacional Avari. Muitos oficiais de alto escalão compareceram, incluindo S.K. Tressler, o Ministro da Justiça, de Esporte, da Juventude, do Turismo, o da Justiça do Estado de Punjab e o ex-chefe de Justiça da Suprema Corte.

Antes do banquete, algo inimaginável aconteceu. O Sr. Abdula, o maior dos líderes islâmicos do estado de Punjab, entrou em uma cadeira de rodas e recebeu oração por suas pernas.

O contato entre muçulmanos e cristãos não era permitido. Então, para que um líder muçulmano fosse até mim e recebesse oração, é porque ele havia tomado uma grande decisão de sua parte. Enquanto orava por esse líder islâmico, percebi que aquilo era um sinal de que Jesus Cristo já havia ganhado a batalha espiritual naquela cruzada.

Por ser um país islâmico, sem o apoio do governo paquistanês, teria sido difícil fazer aquela cruzada. Deus havia preparado muitas mãos estendidas para ajudar com antecedência.

Os portões fechados

Eram 9h da manhã do dia 19 de outubro, o primeiro dia da conferência de pastores. Naquela manhã ouvi que ela havia sido cancelada de última hora e que o estádio e o local do evento também tinham sido fechados; quando, na verdade, já havíamos adquirido toda a autorização necessária por parte do governo.

Quando chegamos ao local da cruzada, policiais armados nos pararam. Quando nossa equipe exigiu que eles abrissem os portões, eles deixaram entrar apenas o meu carro e a escolta atrás de mim. O portão foi fechado novamente. Os policiais, armados com rifles e granadas de mão, impediram também que ônibus entrassem no estádio.

Devido à pressão de muçulmanos sobre o Governo do Estado, este havia cancelado o encontro por razões de segurança. No entanto, havia alguns pastores dentro do estádio – os que haviam conseguido chegar antes que os portões fossem fechados. Eles estavam louvando e orando.

Com o passar das horas, os policiais se tornaram mais duros com as pessoas. Havia gente que tinha viajado por mais de dez ou vinte horas para chegar ali, mas não conseguia sequer se aproximar do estádio. Pude ouvir o som de louvores e orações daqueles que estavam do lado de fora dos portões.

Apenas confiei em Deus, orei e tive a seguinte resposta: *"Ninguém pode atrapalhar essa cruzada. Os portões logo serão abertos."*

Disse às pessoas: "A conferência começará em breve; então não se preocupem."

Na verdade, as forças armadas ainda estavam presentes e não havia nenhuma mudança visível naquela situação. Contudo, a equipe que estava comigo confessou com fé que a conferência começaria em breve.

Uma mão de ajuda preparada por Deus

Como havíamos confessado pela fé, os portões do estádio foram abertos ao meio dia. Muitas pessoas começaram a entrar com dignidade e com as mãos estendidas. Pareciam generais voltando de uma guerra com grande vitória. O ministro S.K. Tresler ouvira dizer que a conferência havia sido cancelada e entrou em contato com oficiais do governo, pedindo que eles permitissem que ela fosse realizada e se apressou em comparecer.

Ele estava quase partindo para Islamabad quando ficou sabendo do evento e adiou tudo em sua agenda para poder comparecer. As pessoas que estavam esperando e orando nos arredores da cidade também chegaram ao lugar, cheios de alegria.

O Ministro S.K. Tresler fez uma introdução parabenizando a conferência de pastores. Durante os dois dias de evento, eu falei sobre o segredo do crescimento da igreja e sobre a 'Mensagem da Cruz'. Quando orei pelos enfermos, uma menina foi libertada de possessão demoníaca e um tumor que já estava no corpo de uma pessoa há quatorze anos desapareceu. Alguns que não podiam ouvir, passaram a ouvir. Muitos foram os testemunhos de pessoas que haviam sido libertas das correntes da dor. As notícias se espalharam rapidamente boca-a-boca, através da televisão nacional e outras emissoras.

Uma multidão se reuniu fora do local da cruzada

Às 7h da noite do dia 20 de outubro, a cruzada começou no Instituto Burt. Uma vez que a conferência de pastores havia sido um sucesso, as pessoas chegavam e o lugar se enchia. Durante três dias, mais de 100.000 pessoas se reuniram diariamente. Elas vinham de todos os lugares do país de trem ou ônibus e já não dava para entrar mais ninguém no local da cruzada, de tão lotado. Assim, aqueles que não conseguiam entrar, tinham de ouvir a mensagem do lado de fora, através dos alto-falantes. Ouvi dizer, inclusive, que muitos tiveram de voltar para suas casas, porque não puderam chegar perto o suficiente para ouvir alguma coisa.

Ainda mais pessoas compareceram no segundo e no terceiro dia, e até o lado de fora do local da cruzada estava lotado. A polícia, que havia tentado nos impedir de realizar o evento, agora estava ajudando-nos a ter segurança até o fim.

Policiais com armas pesadas guardavam o palco e nossa equipe, todos os dias. Mantinham muitos limites de segurança em toda a cruzada, a fim de fazerem um serviço eficiente.

Muitos oficiais de alto escalão e líderes de igreja participaram do evento e a televisão nacional e a imprensa em geral estavam animadas com seus relatos. As notícias sobre a cruzada foram espalhadas rapidamente para o Oriente Médio e outros países islâmicos.

Preguei sobre Jesus, nosso Salvador, e também enfatizei que todas as doenças podiam ser curadas, todos os problemas resolvidos; e que as pessoas poderiam desfrutar da vida eterna no céu, se apenas orassem em nome de Jesus Cristo. Todos ouviam atentamente e a mensagem estava sendo traduzida para inglês e urdu.

Cruzada Unificada no Paquistão

Algumas dezenas de milhares de muçulmanos também compareceram nessa cruzada. Os organizadores disseram-me que de cinqüenta a sessenta por cento dos participantes eram muçulmanos. Em certo momento, pedi à multidão que levantasse as mãos se agora criam em Jesus Cristo. A maioria levantou e aquilo foi algo realmente muito alegre e tocante.

Durante os três dias de evento, depois da mensagem, orava pelos enfermos como um todo. Orava com toda a minha energia a fim de que, pelo menos, mais uma pessoa recebesse a cura divina. Através da oração, Deus mostrou as obras do Espírito Santo de forma explosiva.

Quando a oração acabava muitas pessoas que experimentaram a cura iam ao palco para dar seus testemunhos. O palco estava sempre cheio de pessoas. Foram muitos os curados naquela cruzada.

Várias doenças endêmicas foram curadas e demônios saíram. Cegos passaram a ver e surdos a ouvir. Uma irmã, que não podia andar desde a infância devido à paralisia infantil, passou a andar e uma de suas pernas, que era mais curta que a outra, nivelou-se, tornando-se cinco centímetros mais comprida.

Essa cruzada missionária foi possível por causa do apoio dos membros da nossa igreja através de sua oração, jejum e ofertas missionárias. Muitos, com fé, haviam dado suas 'moedas de cobre'. Deus me deixou saber que essas pessoas receberiam bênçãos tanto na terra como no céu, – e no céu, lindas recompensas de ouro e pedras preciosas.

Deus se agradou com a cruzada no Paquistão e me disse que, por esse motivo, cobriria a nossa igreja, juntamente com todas as suas filiais no mundo, com a luz da criação; a começar de um dia depois da cruzada.

Também me fez saber que nos deu uma espada de fogo de presente. Quando a luz da criação dissipa as trevas, a espada de fogo divide e quebra. Ele explicou-me que, através disso, Ele garantiria a palavra, por exemplo, se eu ordenasse ossos a se juntarem, eles se juntariam. Ele nos fez saber que obras de criação aconteceriam.

O Poder de Deus Ressuscitando Mortos

No dia 6 de maio de 2001, um lindo arco-íris circular apareceu ao redor do sol sobre a igreja, durante um culto de domingo. Era um sinal de que Deus estava conosco para o 9º Encontro de Avivamento Especial de duas semanas, que começaria no dia seguinte.

Enquanto o culto acontecia, arco-íris circulares e até mesmo retos apareciam muitas vezes sobre a igreja. Muitas obras de cura aconteceram: um câncer, por exemplo, que tinha se espalhado pelo abdômen peritoneal e uma leucemia também foi curada.

Yamazaki Hiromi, do Japão, tinha as costas com curvatura de noventa graus já por dez anos. Ela assistiu à primeira semana do Encontro pela Internet no Japão e quando recebeu a oração pelos enfermos, suas costas ficaram quase normais e a dor sumiu aos poucos.

Ficou tão surpresa, que veio à Coréia para participar pessoalmente do resto do Encontro de Avivamento. No dia 17 de maio, quando recebeu oração, o fogo do Espírito Santo foi sobre ela, todo o seu corpo começou a suar e suas costas então ficaram perfeitamente retas.

Ueda Hiedo, também do Japão, tinha diabetes, hepatite e era alcóolatra. Mal ia aos encontros; só o fazia com insistência de outras pessoas. Quando recebeu oração, ele sentiu como que se algo como lixo tivesse sido varrido de sua cabeça e então pôde andar sozinho com a nova força que tinha recebido.

Todo o corpo frio e enrijecido

Jaeho Lee era um pastor da nossa igreja. No dia 8 de maio algo aconteceu com ele. Sua família explicou-me toda a situação: logo cedo, de manhã, ele havia começado a vomitar e mais ou menos às 2h da tarde, já não conseguia mais controlar seu corpo.

Estava perdendo muito líquido por causa dos vômitos e da diarréia e quando eram aproximadamente 5h da tarde, perdeu a consciência. Como o líquido de seu corpo foi evacuado muito rapidamente, sua pele ficou enrugada e até o seu ânus feriu-se e começou a produzir bolhas com um líquido branco. Medicamente, isso significava que ele estava praticamente morto.

Costumava ser um homem saudável, mas ainda assim isso lhe aconteceu em poucas horas. Sua família o levou à igreja na hora da sessão da noite do Encontro de Avivamento. Achando que a notícia que traziam pudesse deixar-me preocupado, resolveram esperar até o final da sessão para me dizer o que tinha acontecido àquele rapaz.

Naquela hora, o Pastor Lee estava com o corpo completamente paralisado. Havia sofrido uma série de convulsões musculares e ficado completamente inconsciente.

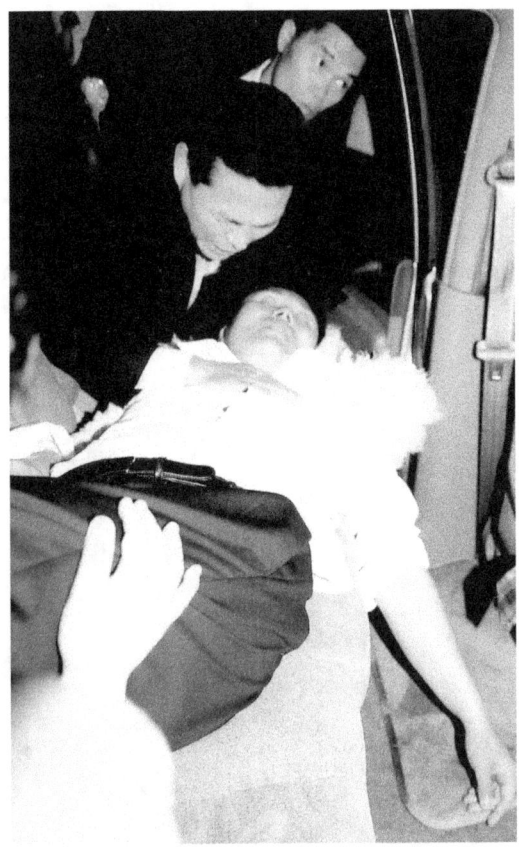

Pastor Lázaro Jaeho Lee inconsciente, recebendo oração

Por volta das 11h da noite, fiquei sabendo da notícia e corri para fora. O Pastor Jaeho Lee estava sobre o banco do carro deitado e silencioso como um cadáver. Suas pupilas estavam dilatadas e seu corpo estava completamente frio e enrijecido. Sua família, entretanto, ainda tinha fé de que ele poderia ser ressuscitado, se eu impusesse minhas mãos sobre ele.

Quando orei a Deus com fé Nele, que ressuscita os mortos, Ele me respondeu na hora. No momento em que terminei a oração, o corpo de Lee relaxou e recuperou a consciência. Dentro de cinco minutos conseguiu levantar por conta própria. O pastor Jaeho Lee mudou seu nome para 'Lázaro' Lee, dizendo que está vivendo uma vida 'bônus'. Hoje, tem um ministério na América Latina como missionário.

Em seu ministério como missionário na América Latina
(Hall de Convenções da Cidade de Cuzco, Peru)

Palestras sobre Gênesis e Maravilhas

Deus deu-me explicações sobre o livro de Gênesis. Comecei então uma série de palestras sobre este livro no dia 1º de dezembro de 2000, em uma vigília de sexta e durou seis anos. Uma vez que Deus é quem criou todas as coisas do universo, Ele é quem pode explicar tudo desde o tempo antes dos tempos.

Hoje em dia, mesmo com a ciência tão sofisticada e desenvolvida, ninguém pode entender as coisas sobre o tempo antes dos tempos. Só podemos entender, se Deus no-las explicar.

Então, como podemos saber se essa explicação é verdade? Deus começou a explicar-me o livro de Gênesis, depois que tinha começado a me mostrar muitas obras poderosas, como as registradas na Bíblia, em nossa igreja.

Jesus disse: *"Se vocês não virem sinais e maravilhas, nunca crerão"* (João 4:48).

Como dito, nos dias de hoje, mesmo com as evidências, as pessoas tendem a não crer verdadeiramente e é por isso que estão desesperadas pelas obras do Deus vivo.

No dia 5 de abril de 2001, o grupo de Missão de Mulheres da nossa igreja realizou uma pequena conferência de líderes. Nesta, havia uma ocasião especial chamada "Observando o Céu", a qual havia sido planejada desde janeiro do mesmo ano. Uma vez que Deus estava nos mostrando muitas maravilhas através de estrelas e estrelas cadentes, elas planejaram observar o céu e eu orei por esse evento.

"Deus, haverá o evento de observar o céu na conferência e então, por favor, mostre-nos uma maravilha."

A resposta de Deus foi: "Mostrarei a vocês um panorama de várias nuvens."

Recebi a resposta à minha oração e anunciei aos membros antecipadamente, na vigília de sexta do dia 30 de março e no culto de domingo:

"Deus nos mostrará um panorama de diferentes formas de nuvens no evento de observar o céu."

De fato, uma vez que o evento havia sido planejado com muitos meses de antecedência, nós nunca poderíamos saber como o tempo estaria no dia do evento. Não podíamos saber se o céu estaria cheio de nuvens negras ou chuva. No entanto, confessei com meus lábios e orei a Deus intensamente porque Ele já havia me respondido.

Quando eram oito horas da manhã do dia do evento, o céu estava claro e tinha um lindo arco-íris circular. A conferência teve sua primeira parte em um ginásio e a segunda parte do evento estava planejada para 3h da tarde. O lugar tinha milhares de crentes de todo o país. Quando fui um pouco para o lado de fora, com expectativas sobre o que ia acontecer, pude ver um céu limpo, sem nuvem alguma.

O evento começou com minha oração pedindo para que

víssemos as nuvens. Tivemos uma cerimônia de abertura e as pessoas começaram a marchar naquele lugar. Nuvens em forma de ovelhas então começaram a aparecer, saindo dos arredores do sol e estavam cobrindo o céu. Iam do oeste para o leste.

Não estou dizendo que já havia nuvens no céu que começaram a mover, mas a porta do céu se abriu e as nuvens começaram a sair, aparecer. As que tinham a forma de ovelhas, cobriram o céu e depois desapareceram. Logo depois vieram outras em forma de 'V' – que é o símbolo da vitória. Nuvens em forma de profetas também apareceram e depois desapareceram.

Como nuvens mais densas começaram a cobrir o sol, este ficou parecendo uma lua e logo depois o tempo escureceu como se fosse noite. Deus nos mostrou como guiou o povo de Israel durante o Êxodo no deserto.

Através dessas maravilhas de modificar as condições do tempo, Deus nos fez entender que a 'janela' ou a 'porta' do céu estava aberta. O maravilhoso panorama de nuvens feito por Deus durou uma hora e meia e foi simplesmente fantástico.

A Cruzada do Lenço na Indonésia

Do dia 19 a 29 de abril de 2001, enviamos nossos pastores assistentes e uma equipe de missionários para conduzir cruzadas de lenço em quatro cidades no estado de Iryanjaya, na Indonésia.

"Então, os discípulos saíram e pregaram por toda parte; e o Senhor cooperava com eles, confirmando-lhes a palavra com os sinais que a acompanhavam." (Marcos 16:20)

A equipe missionária fazia cruzadas e usava o lenço sobre o qual eu havia orado. Sempre que as pessoas me pediam para orar no lenço, eu orava: "Impregne este lenço com o poder da criação para que qualquer coisa que for pedida com fé, os que estão morrendo e até mesmo os já mortos possam receber vida." Quando oravam com fé com esses lenços, fortes obras do Espírito Santo aconteciam.

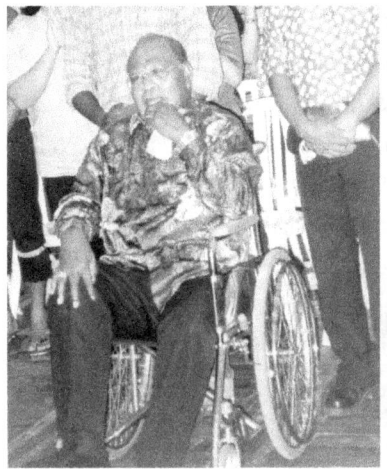

Jacob Patipi se levantou da cadeira de rodas e andou através da oração do lenço

Deus lhes mostrava obras de fogo do Espírito em cada sessão. Quando a equipe missionária pregava e orava com os lenços, espíritos malignos iam embora. Crianças que não podiam andar desde o nascimento eram curadas e surdos ouviam. Muitos sinais aconteciam. A imprensa local estava muito interessada e prestando atenção em tudo. Uma emissora local chegou até a convidar nossa equipe de missionários para ir ao seu programa ao vivo.

O Governador do Estado levantou de sua cadeira de rodas

O Governador de Iryanjaya daquela época, o Sr. Jacob Patipi, tinha sessenta e cinco anos de idade. Em 1996, teve um derrame devido à pressão alta e sofreu paralisia parcial. Ele foi à cruzada em uma cadeira de rodas, pois mal podia caminhar; mesmo com a ajuda de outras quatro pessoas. Suas capacidades de fala e auditiva também haviam sofrido dano.

Entretanto, quando nosso pastor assistente orou colocando o lenço sobre ele, ele se levantou da cadeira de rodas e começou a andar. Já podia ouvir e falar. Depois da cruzada, recebemos uma carta de agradecimento do estado de Iryanjaya dizendo que o Sr. Jacob Patipi agora podia ter uma vida normal.

Obras do Espírito Santo Sacudindo o Parque Uhuru

Em junho de 2001, fizemos uma cruzada no Quênia, uma cidade no leste da África. O poder da criação que foi dado na cruzada no Paquistão também se manifestou nessa cruzada. Antes que ela fosse realizada, fizemos a conferência de pastores no Centro Internacional de Conferências Kanyatta, em Nairobi.

Falei sobre a existência de Deus antes que o tempo começasse e expliquei sobre a rebelião de Lúcifer, o Jardim do Éden e o mundo espiritual. Os participantes se mostravam muito atentos e aspirantes pela Palavra da Vida. Alguns deles deixaram até mesmo de almoçar, preferindo ficar e guardar seus assentos.

No dia seguinte, havia oito mil pessoas – duas mil a mais que no primeiro. Isso porque, inicialmente, muitos pastores haviam decidido não ir porque haviam ouvido alguns falsos rumores; mas que depois mudaram de idéia. Alguns missionários coreanos estavam no país e publicaram alguns falsos documentos e os divulgaram em igrejas e na imprensa, a fim de impedir a

realização da cruzada.

A Grande Cruzada foi realizada dos dias 29 de junho a 1º de julho no Parque Uhuru. O palco estava diretamente sob a luz do sol e pregar daquela maneira não seria fácil.

Deus operou Suas obras ali também. Quando subi no púlpito para pregar a mensagem, nuvens se moveram e cobriram o sol e pude pregar sem nenhuma dificuldade.

As pessoas se maravilharam ao ver aquilo acontecer por três dias seguidos. Até mesmo o motorista local, que dirigia o meu carro, disse que estava surpreso com o que havia visto.

Já desde o primeiro dia da cruzada, o palco estava cheio de gente querendo dar testemunhos de curas através da oração. O Parque Uhuru estava com mais de cem mil pessoas todos os dias.

Uma criança que tinha uma perna mais curta que a outra e não conseguia andar direito foi curada e dava saltos de alegria.

Cruzada Unificada no Quênia (Parque Uhuru)

Muitas pessoas foram curadas de AIDS e várias outras doenças. Ao vê-las ficando tão felizes, eu também fiquei e me senti recompensado.

No dia seguinte, tivemos um almoço com os membros do comitê de organização. Muitos bispos estavam surpresos com as manifestações do poder de Deus e me perguntaram como receber tal poder.

Ouvi muitos comentários como:

"Foi a primeira vez que vi tantas pessoas sendo curadas ao mesmo tempo; e foi ainda mais incrível porque você não orou por cada uma individualmente."

"Senti como se tivesse assistindo às coisas que aconteceram na Bíblia há milhares de anos atrás."

"Antes, na verdade, eu não cria completamente na Bíblia; mas agora, com essa cruzada, estou certo de que a Bíblia é totalmente

Uma moça coxa começa a andar

verdadeira."

Todos os servos de Deus têm o desejo de manifestar Seu poder, assim como Jesus confirmou a palavra através dos sinais que lhe seguiam. Entretanto, não foi fácil para mim explicar o motivo em tão pouco tempo.

No vôo de volta para a Coréia, pude ver arco-íris circulares e retos do lado de fora da janela.

Dando Vida a Raízes Mortas de Cabelo

Em 2001, o irmão Heehoon Park tinha bastante cabelo em sua cabeça, mas quando estava na sétima série na escola, começou a sofrer de queda de cabelo por causas desconhecidas. Foi perdendo seu cabelo aos poucos e quando estava no ensino médio, restavam-lhe apenas alguns poucos fios. Aquilo tinha uma aparência tão miserável, inclusive para ele, que ele começou a raspar sua cabeça.

Os médicos disseram que aquele era um caso raro de perda de cabelo circular. Também disseram que não era porque suas raízes eram fracas, mas porque estavam mortas e que não havia cura.

Nenhum tratamento funcionava de fato. Park ainda tentou tomar alguns remédios homeopáticos, mas não obteve nenhum resultado. Tentou remédios caros e baratos, mas nada.

Quando estava no final do ensino médio, começou a freqüentar a igreja. Foi ao Encontro de Avivamento Especial de duas semanas em 1998 e seu cabelo então começou a crescer novamente. Uma vez que tinha a água doce de Muan, ele sempre a passava em sua cabeça.

Em 2001, sua perda de cabelo estava completamente superada. As raízes mortas foram restauradas pela graça de Deus e seu cabelo ficou sendo um cabelo saudável novamente.

O Começo do Maior Poder da Criação

As Filipinas são uma nação predominantemente católico-romana. Assim, a maioria das pessoas possui imagens da Virgem Maria e é muito comum encontrá-las fazendo pedidos a ela. Em setembro de 2001, Deus deixou que o Maior Poder de Criação, o mais alto nível de Seu poder fosse manifestado na cruzada nas Filipinas.

Quando orei pela cruzada nas Filipinas, Deus me disse que daria o alarme final para os católico-romanos ao redor do mundo, através desse evento. Isso significa que Deus já havia dado uma 'sacudida' neles para adverti-los no passado.

Ouvi dizer certa fez que uma estátua da Virgem Maria estava chorando gotas de sangue. Entretanto, os católico-romanos em si não perceberam por que Deus revelaria tal coisa.

Maria, um instrumento de Deus

A Virgem Maria é apenas uma criatura, como toda a raça humana. No entanto, quando Jesus veio à terra em forma humana, foi Maria quem foi usada para dar à luz a Ele. Todavia, isso não faz dela a mãe de Jesus.

Uma vez que Jesus foi concebido pelo Espírito Santo, em Sua concepção Jesus não foi gerado do óvulo de Maria nem do esperma de José. Uma vez que Ele não recebeu o óvulo de Maria, esta não pode ser considerada a mãe de Jesus; e uma vez que Jesus não recebeu o esperma de José, este não pode ser considerado seu pai. É por isso que na Bíblia Jesus nunca chamou Maria de 'mãe'.

"Aí está o seu filho" (João 19:26).

Isso foi registrado pelo apóstolo João, quando ele estava perto de Jesus, que estava na cruz.

Jesus não chamava Maria de 'mãe', mas de 'mulher'. Aqui, 'filho' se refere ao apóstolo João.

Em João 2:4, Jesus disse à Maria: *"Que temos nós em comum, mulher? A minha hora ainda não chegou"*. Jesus usou o termo 'mulher' para mostrar que Ele veio à terra como o Salvador.

Ele, nosso Salvador, é parte do Deus Trino e o Próprio Criador, o que significa que Ele nunca pode ter uma mãe. Assim Jesus nunca chamou Maria de 'mãe', mas de 'mulher'.

Quando os católico-romanos fazem imagens de Maria e as adoram, estão indo contra os Dez Mandamentos de Deus que nos dizem para não fazermos nenhum tipo de ídolo nem adorar ou se prostrar diante deles.

Como a Virgem Maria observa as pessoas do céu, ela vê quando as pessoas vêem Jesus apenas como um bebê ao seu lado e adoram a ela, uma criatura. Será que ela não ficaria triste suficiente para chorar lágrimas de sangue?

Fim de tufões

As Filipinas passam por uma temporada de tufões (furacões) de junho a outubro – período em que chove muitas vezes por dia. O trânsito fica congestionado e quando chegamos ao aeroporto internacional de Manila, por volta de 11h da noite do dia 24 de setembro de 2001, por influência de tufões, o vento estava forte e estava chovendo.

Tivemos uma conferência de imprensa em um hotel em Manila, imediatamente, depois que chegamos. Os repórteres pareciam mais interessados em mim do que nos tufões e nas conseqüências do ataque terrorista de 11 de setembro.

"Estamos sob a influência de um tufão neste exato momento e outro já está a caminho. Vocês acham que podem fazer uma cruzada ao ar livre? E quanto ao ataque terrorista de 11 de setembro? Não interferirá em nada?"

Então lhes disse: "A partir de hoje não haverá mais chuva ou tufão, pois Deus está conosco e não haverá nenhum ato de guerra ou acidentes durante o tempo em que estivermos aqui. Por favor, não se preocupem."

Proclamei aquilo firmemente porque sempre havia experimentado a presença de Deus conosco e nunca choveu em nenhum dos eventos que realizamos ao ar livre. Os repórteres pareciam não acreditar em mim, mas Deus cumpriu o que foi dito.

Diferentemente da previsão do tempo, um tufão com velocidade do vento de 130 km/h mudou seu curso repentinamente e foi em direção à Tailândia. Outro tufão perdeu a força como se tivesse batido em uma parede e morrido.

O verão nas Filipinas é geralmente muito quente e úmido. No entanto, enquanto estávamos lá, o tempo estava sempre claro e com brisas agradáveis. Os pastores locais estavam muito felizes e diziam que só de ver as condições climáticas, podiam ter certeza de que Deus estava com eles.

Sentindo o poder do Maior Poder da Criação

No dia 26 de setembro de 2001, fizemos a conferência de pastores com mais ou menos 5.000 participantes, em um centro internacional de conferências em Manila.

No dia 27, fizemos a mesma conferência durante a manhã e, à tarde, a primeira cruzada no Parque Luneta, em Manila. Muitos foram curados ali também.

Um dos que foram curados era um jogador de basquete chamado Gilbert Ondinal. Gilbert havia se envolvido em um grande contratempo enquanto jogava. O osso de sua perna quebrou e torceu. Para que ele voltasse a andar, precisava de um implante cirúrgico, colocando barras de metal em dois ossos.

Não podia pagar pela cirurgia e passou um ano sofrendo com muletas. Todavia, quando recebeu oração na conferência de pastores daquele dia, todo o seu corpo esquentou e a dor se foi.

Depois que o evento terminou, Gilbert queria ir ao Parque Luneta para a cruzada, mas perdeu o ônibus. Assim, começou a andar com suas muletas até que descobriu que não sentia mais nenhuma dor e que sua perna estava perfeita. Jogou as muletas para um de seus lados e andou mais de 2km para chegar ao local da cruzada.

Deus havia se agradado com sua atitude de ansiar por Sua graça e capacitou-o para que pudesse voltar a andar perfeitamente.

Mais tarde, Gilbert foi ao hospital checar sua perna e viu que os ossos quebrados estavam colados e completamente normais. Pouco tempo depois ele nos escreveu dizendo que podia jogar basquete de novo.

No Parque Luneta

Desde o primeiro momento de louvor e adoração do primeiro dia da cruzada, as obras do Espírito Santo estavam acontecendo. Alguns que haviam ido ao local em cima de macas levantaram-se e andaram, outros testemunharam que haviam sido curados no momento em que pisaram no lugar da cruzada. Houve pessoas que foram curadas ao ouvir a pregação. Uma outra pessoa que ouviu o louvor, enquanto passava perto do evento, resolveu participar e ali foi curada de dez anos de cegueira.

Após a mensagem, fiz a oração pelos enfermos. Já havia terminado de fazê-la quando, de repente, algumas pessoas me trouxeram um homem duro como madeira.

Parecia um tronco. Sofria problemas de coração e, de repente, caiu. Seu corpo estava rígido como um pedaço de pau e suas pupilas como as de uma pessoa morta.

Fiquei preocupado com a possibilidade de ele ter morrido ali – aquilo poderia desonrar a Deus. Rapidamente desci do palco e orei em nome de Jesus Cristo, colocando minhas mãos sobre ele. Assim que a oração terminou, ele recuperou a consciência.

Deus trabalhou muito fortemente com o Mais Alto Poder da Criação. Estava extremamente grato por Sua graça de mostrar tão grande poder. Entretanto, quando voltei para o hotel, comecei a chorar, pois estava com vergonha diante de Deus por não ter cumprido Sua vontade de uma maneira mais forte.

Profecias sobre Acontecimentos Mundiais

Em 1982, logo depois da abertura da igreja, Deus me deixou saber que o mundo teria três grandes poderes: os Estado Unidos, a China e Rússia unidas, e a UE (União Européia).

Ele também me deixou saber que os Estados Unidos ficariam mais e mais isolados e o seu poder se enfraqueceria. Explicou-me que até seus aliados virariam as costas para ele um dia, buscando seus próprios interesses.

Os Estados Unidos tinham fé para reverenciar e adorar a Deus, quando foi fundado, e Deus os abençoou para que se tornassem a nação mais forte do mundo. Hoje, entretanto, muitas pessoas deste país tendem a evitar Deus.

Deus também me explicou que a China se aliaria à Rússia. Teriam atividades militares juntas e se tornariam cada vez mais fortes. Países que um dia seguiam os EUA, o fariam com a China.

De fato, hoje em dia podemos ver que vários países latino-americanos e africanos têm estabelecido melhores acordos com

a China do que com os Estado Unidos. Quando preguei sobre essas coisas, foi em uma época bem antes de a China começar a fazer parte da sociedade internacional – os membros da igreja nessas horas ficaram atônitos e não conseguiram responder com um 'Amém'.

Para eles, era difícil crer naquilo se considerassem a realidade da época. Além disso, Deus me deixou saber que a economia mundial pioraria; o preço do petróleo subiria muito e os países do Oriente Médio se uniriam para usá-lo como arma contra outros países.

Em junho de 2001, Deus me disse que o mundo estava na era da competição sem limites. Isso queria dizer que, independentemente de seu sistema econômico-político, se democráticas ou comunistas, as nações ou se uniriam ou dariam as costas umas às outras, sempre buscando satisfazer seus próprios interesses.

No passado, levava um bom tempo para que nações se aliassem umas às outras, mas agora isso não acontece mais, pois o mundo está caminhando em direção ao fim.

Começando com o terror de 11/09

A maioria dos cristãos se interessa no tempo da segunda vinda do Senhor. Quando os discípulos perguntaram a Ele sobre sinais e maravilhas do fim dos tempos em Mateus capítulo 24, Jesus lhes deu uma resposta:

"Vocês ouvirão falar de guerras e rumores de guerras, mas não tenham medo. É necessário que tais coisas aconteçam, mas ainda não é o fim. Nação se levantará contra nação, e reino contra reino. Haverá fomes e terremotos em vários lugares." (Mateus 24:6-8)

No dia 21 de outubro de 2001, preguei uma mensagem com o título: "Qual será o sinal do fim da era?" Segue um extrato desta:

"Como vocês sabem, no dia 11 de setembro, uma grande tragédia aconteceu para chocar o mundo inteiro. Um ataque terrorista no coração dos Estados Unidos. Estes juraram represália e uma guerra foi travada. O mundo todo agora está sob tensão.

Isso é um alarme para nos alertar do começo do fim

dos tempos. É também uma razão para mais tarde desencadear uma Terceira Guerra Mundial, que está permitida por Deus. No entanto, é claro que o fato de Ele permiti-la não significa que Ele fará com que o combate aconteça. Significa que Deus não a impedirá de acontecer, pois será fruto da maldade das pessoas. Começando com o ataque terrorista de 11/09, Deus está nos dizendo que haverá desastres próprios do fim dos tempos.

Uma vez que os EUA sofreram tal ataque, ganharam solidariedade do mundo e seus aliados prometeram mais cooperação; mas à medida que a guerra continuar, os países do Oriente Médio se unirão contra os EUA, e os países europeus também. Por fim, a guerra será entre o cristianismo e o islamismo."

"Esse ataque terrorista pode ser considerado como o início da causa da III Guerra Mundial. Fomes são cada vez mais freqüentes e terremotos acontecem todo ano.

Quando milhares de pessoas morrerem em algum tipo de incidente, não dizemos que é o começo do desastre do fim dos tempos. Mas esse terrorismo contra os estados Unidos sem precedentes chocou o mundo todo. Esse tipo de incidente pode ser tido como o início dos desastres e calamidades.

Pessoalmente, não tenho nada contra os EUA e não tenho a intenção de ofender ninguém com o que estou dizendo. Sinto muito, realmente, pelo o que aconteceu. Só estou tentando explicar a situação do ponto de vista de Deus para que, como uma nação, eles possam se beneficiar disso. Deus explicou-me a seguinte coisa:

Protegê-los não é possível. Diferente de quando se

começou, os Estados Unidos mudou muito no que diz respeito à sua fé. Algumas igrejas chegam até a consagrar pastores homossexuais.

Quando esse tipo de desastre acontece, se eles tivessem um coração cheio da verdade, olhariam primeiramente para si mesmos, refletissem sobre o porquê de Deus não os ter protegido e se arrependerem de seus erros.

Quando o castigo de Deus foi anunciado ao povo de Nínive, o rei e o povo se arrependeram com jejum. Da mesma maneira, a começar do presidente, o povo dos Estados Unidos deveria se arrepender humildemente diante de Deus. Deveriam procurar maneiras de ter paz com todos através do perdão e da reconciliação.

Entretanto, com orgulho de ser a nação mais forte da terra, eles pensaram que podiam dar o troco a respeito do dano que sofreram em seu poder. Estavam tentando se vingar "olho por olho, dente por dente" e só acabaram se causando ainda mais problemas.

À medida que os EUA continuam com uma posição firme a respeito de sua represália a força, vão se mergulhando em dificuldades tanto políticas como econômicas. E se a economia dos EUA tropeça, a do resto do mundo também.

Os países do Oriente Médio se unirão e se posicionarão contra os americanos. Farão do petróleo uma arma para controlar a enconomia mundial e, temendo o terrorismo, muitas nações decidirão romper suas relações com os EUA. Começarão a negar tudo que antes oferecia aos EUA."

"Há muitas causas de guerra pelo mundo. Só no Oriente Médio, muitos países incluindo o Irã, Iraque, e a

Síria possuem sentimentos hostis em relação aos Estados Unidos. Muitos ataques terroristas estão ocorrendo ao redor do planeta.

Há uma razão, pois, porque o combate que será uma das causas do fim dos tempos ter acontecido no Afeganistão. Se a luta tivesse iniciado em algum outro lugar, maiores conflitos poderiam ter sido espalhados pelo Oriente Médio e evoluído para a III Guerra Mundial, envolvendo consequentemente todo o mundo.

Contudo, Jesus disse que essas viriam, mas que não seria o fim. Não é o fim, mas o ponto de partida para os desastres e calamidades em grande escala. Além do mais, trata-se da criação da causa (não o desencadeamento) da

III Guerra Mundial, e é por isso que o Afeganistão foi escolhido.

Quando o tempo desse fim chegar, nós já vamos ter sido arrebatados. Esse é o incidente que traz a causa do fim. Esse incidente espalhou as sementes de uma guerra que envolverá todos os países do Oriente Médio."

"Então, o que acontecerá à Coréia? Quando chegar um ponto em que a Coréia não mais de beneficiará de sua relação com os EUA, faremosb aliança em algum outro país. Como haverá um caso econômico incluindo um conflito por petróleo, nossa economia também estará passando por dificuldades, naturalmente.

Todavia, como Deus planeja realizar obras através deste país durante o fim dos tempos, Ele, de certo modo, nos protegerá das tribulações finais

Mais especificamente, o caminho será aberto através da nossa igreja. Deus nos deu cruzadas na Uganda, Paquistão, Quênia, e países que rodeiam o Oriente Médio.

Ele nos disse muitas vezes que entenderíamos a razão pela qual Ele fez com que realizássemos aquelas cruzadas. Disse-nos notícias sobre mim e nossa igrejas já estavam sendo espalhadas efetivamente dentro das autoridades dos países islâmicos.

Capítulo 6

Somente Através do Nome de Jesus Cristo

Mesmo com as Mãos Rasgadas

Antes das vígilias de sexta, membros da nossa igreja começavam a chegar a minha casa por volta das 3 da tarde e eu começava a atendê-los a partir das 4. Apesar de o tempo ser curto, eles se consultavam comigo e eu lhes aconselhava, orava por eles e lhes comprimentava com apertos de mão. Nós normalmente terminávamos esse período de aconselhamento ás 6 da tarde.

Depois disso, vou para a igreja e faço outra reunião com os membros. Quando o culto começa às 23h, sinto-me esgotado, mas Deus me ajuda e me sustenta, de modo que eu possa pregar fortemente a mensagem.

Até nos domingos, os membros da igreja vão à minha casa. Ao vê-los e saber que eles estão ali esperando por mim, recebo-os logo de manhã. Essas reuniões começam às 5h. Ouço seus problemas e oro por eles. Dura mais ou menos 3h e depois vou para a igreja.

Da vígilia de sexta à noite até o culto de domingo, aperto

as mãos de milhares de membros e minha mão acaba ficando arranhada, rasgada e chega até a sangrar. Toda semana minha mão está cortada ou arranhada, mas eu tenho uma razão para ainda continuar com reuniões como essas.

É pela graça de Deus que os membros da igreja, desde crianças a idosos, amam seu pastor e querem sempre vê-lo e cumprimentá-lo. Oro por todos e aperto suas mãos para que o poder de Deus desça sobre eles e suas orações possam ser respondidas.

Ao ver os membros se alegrarem profundamente depois de serem curados de sérias doenças, receber respostas às suas orações e dar um aperto de mão naqueles que tiveram seus problemas solucionados e glorificam a Deus, sinto-me recompensado e fortalecido.

O que Jesus faria? Oro com toda a força do meu corpo e imponho minha mão sobre cada bebê e criança sem negligenciá-las.

Em Direção ao Alvo

Na chegada de 2002, Deus me deu um novo alvo. Este era a perfeição do 'Maior Poder da Criação'. O Maior Poder da Criação é o poder original de Deus com o qual Ele criou os céus e a terra apenas com a Sua palavra. À sua ordem, por exemplo, o cego volta a ver, o surdo a ouvir e o paralítico a caminhar.

Como registrado na Bíblia, as coisas podem ser criadas do nada, apenas com a palavra lançada. O Maior Poder da Criação pode levantar um exército de ossos secos; pode abrir a boca de um jumento para que este fale. Quando esse tipo de Poder da Criação é manifestado sem nenhum impedimento, podemos dizer que é aperfeiçoado. O Maior Poder da Criação pode exercer controle não apenas sobre o mundo natural, mas o invisível mundo espiritual.

Para manifestar o Maior Poder da Criação, Deus me explicou que eu teria de passar por três testes, assim como Jesus. Jesus é o Filho de Deus, mas nasceu como um homem e tornou-se nosso

Salvador. É por isso que Ele foi testado como os seres humanos. Através dos testes, Ele também pôde manifestar autoridade através da Sua palavra, tanto no mundo físico como no espiritual.

Jesus sempre teve o Maior Poder da Criação, mas começou a manifestá-lo só depois que passou pelas três provações. Transformou água em vinho, alimentou cinco mil homens com cinco pães e dois peixes e acalmou o vento e o mar com a Sua palavra. Tudo isso foram obras de criação. Quando Ele liberava Sua palavra, o paralítico andava e o leproso se tornava limpo.

Ele também disse que podia ter à sua disposição mais de doze legiões de anjos (Mateus 26:53). Mas, a fim de seguir a ordem natural, da justiça e cumprir a vontade do Pai, Ele não o faria, apesar de ter autoridade e poder para governar os mundos físico e espiritual.

Fiz minha segunda sessão de oração no monte em fevereiro de 2002. Enquanto orava, Deus deixou-me perceber que as provações pelas quais eu havia passado, desde que havia sido chamado servo de Deus, foram todas para que eu pudesse receber o Maior Poder da Criação. Ele também mostrou-me uma interessante alegoria.

Nela, eu estava velejando um barco chamado 'Manmin', quando Deus fez vir um tufão. Note que em 1998 e 1999 Ele sacudiu a igreja com os três testes. Algumas pessoas pularam para fora do barco e caíram no mar. Outras hesitavam e se perguntavam se deviam ou não pular também. Havia ainda outras pessoas segurando firme nas cordas para não caírem.

Havia também algumas pessoas que entraram nas cabines e dormiam confortavelmente, mesmo quando o barco estava afundando; e estas foram elogiadas por Deus.

Espiritualmente, eu era o capitão do navio 'Manmin'. Aqueles que estavam hesitando em pular fora ou não estavam passando por uma luta entre dois tipos de coração, já que estavam sendo tentados a pular, obviamente, Deus teve misericórdia deles e os salvou.

Aqueles que dormiam nas cabines o podiam fazer, porque confiavam no capitão completamente. Vejo que estas pessoas são aquelas que crêem e se tornam guerreiros espirituais. São aquelas que recebem muitas bênçãos.

Através dos três testes, os membros da igreja puderam ter sua fé provada e verificar o tipo de fé que tinham. A razão pela qual Deus permitiu que passássemos por aquelas provações foi para nos levar à Nova Jerusalém e cumprir sua providência quanto à missão mundial e à construção do Grande Santuário.

Nessa providência, Deus permitiu que Satanás nos testasse, mas nós vencemos com fé. Deus permitiu que eu passasse por muitos testes, que eram praticamente impossíveis de suportar; mas eu consegui e Deus deu-me poder ainda maior. Por fim, Ele me deu o Maior Poder da Criação. Não havia nada que o inimigo pudesse usar para me acusar. Assim, Deus permitiu tais provações em minha vida, para que eu não passasse por mais nenhuma.

Curada de Câncer Nasal e Sacudindo as Mãos com Fé

Em janeiro de 2002 recebi uma carta da Diaconisa Hoim Choo que dizia o seguinte:

"Em dezembro de 2001 minha sogra estava morando em Mokpo e, de repente, seu nariz começou a sangrar. Foi para um hospital perto de casa e lhe disseram que tinha que ir para um hospital maior, em Seul. Veio para Seul e foi diagnosticada em dois hospitais: estava com câncer no nariz.

Ele já tinha se espalhado bastante e os médicos sugeriram-lhe que fizesse uma cirurgia para substituir o osso nasal por um artificial. Minha sogra já sangrava por quinze dias e usava gaze no nariz.

Dois dias depois do diagnóstico, fui à vigília de sexta e depois que ela acabou, escrevi o nome da doença dela na palma da minha mão. Quando o senhor passou, dei-lhe um aperto de mãos desejando profundamente que Deus mostrasse o Seu poder através do senhor. Sábado de manhã, quando voltei da vigília, um dos meus parentes do interior estava em casa.

Disse a ele: "escrevi o nome da doença da minha sogra na palma da minha mão e dei um aperto de mão no Pastor Sênior; então Deus vai curá-la."

Confessei minha fé de que Deus a curaria e liguei para ela por volta das 7h30min da manhã de sábado. Eu sabia que um milagre já tinha acontecido.

Minha sogra disse: "Hoim, acordei de manhã e não tinha sangue em meu nariz."

Naquele momento, o que veio à minha cabeça foi só que o sangramento havia estancado. Não sabia que seu câncer havia sido completamente curado. No dia 2 de janeiro de 2002, levei-a ao hospital para a cirurgia.

Antes, porém, ela teve de fazer uma checagem final. Nesta, o médico disse: "Que estranho, você não tem câncer nenhum." O câncer havia desaparecido e ela foi liberada na mesma hora!

Dei-lhe um aperto de mão com bastante fé, porque minha sogra não cria muito e Deus a curou. Além do mais, quando meu marido recebeu a oração pelos enfermos no culto de Ano Novo, ele foi curado da diarréia que vinha tendo já há dois meses. Ele ficou muito feliz e agora dá seu testemunho para todos ao seu redor."

A sogra da Diaconisa Hoim choo's agora freqüenta a nossa igreja em boa saúde. O Maior Poder da Criação não é apenas capaz de curar doenças através do toque ou da oração na foto do paciente, mas pode também mudar as condições do tempo.

Curado de Câncer pela Oração do Lenço

Soonchang Shim mora na província de Cheonnam. Em abril de 2002 ele tinha tonturas e dificuldades para caminhar. Sentia muita dor e sua urina continha coágulos de sangue.

Foi diagnosticado que estava com câncer na bexiga e que já havia se espalhado excessivamente. O médico disse que havia, inclusive, uma boa chance de a doença ir para os pulmões e sugeriu então que fosse operado em um hospital em Seul. Ele foi hospitalizado no Hospital da Universidade de Mulheres de Ehwa e, a pedido da Diaconisa Soollay Shim, que estava freqüentando a nossa igreja, um dos nossos pastores o visitou.

O pastor explicou ao paciente que ele podia ser curado através da fé se se arrependesse de não ter vivido até então segundo a Palavra de Deus e passasse a vivê-la. Logo depois, orou por ele com um lenço no qual eu havia orado.

Deus tem mostrado as obras de fogo do Espírito Santo, quando as pessoas oram com fé, usando esses lenços.

Depois que ele recebeu a oração, não conseguia dormir devido à tamanha dor que sentia. Ele urinou às 4h da manhã e algo que estava pesando muito em sua barriga saiu de seu corpo. Era o câncer que acabara de sair dele. Desde aquele momento, não sentiu mais dor alguma ao urinar e sua urina estava limpa. No dia seguinte, recebeu o diagnóstico final, que é feito antes da cirurgia, e nada foi encontrado. Teve alta imediatamente.

Mesmo se ele fosse operado, seria difícil se recuperar completamente, já que o câncer já havia se espalhado. Entretanto, através da oração do lenço, ele experimentou a obra de Deus e recuperou sua saúde.

Não apenas da Coréia, mas de todo o mundo, nós recebemos testemunhos das pessoas que recebem a cura através das orações com os lenços nos quais eu orei. Tudo que me resta fazer é dar graças e toda a glória a Deus por isso.

O Intenso Clamor

O Encontro de Avivamento Especial de duas semanas anual do dia 16 de maio de 2002 foi um banquete celestial onde experimentamos fortes obras de Deus. Seu título era 'Poder'. Quando orei pelo avivamento, Deus me deixou saber que Ele concentraria a cura naqueles que não tinham uma visão boa na segunda-feira da segunda semana; na terça-feira, naqueles com deficiências como o impedimento de andar e, na quarta-feira, naqueles que não podiam ouvir ou falar. Ele também me deixou saber que muitas pessoas iam ser curadas.

No domingo de manhã, 5 de maio, um arco-íris circular brilhava sobre a igreja. Ao vê-lo, passei a esperar pelo poder de Deus, sendo revelado de forma ainda mais grandiosa no avivamento.

Deus nos mostrou as obras da criação indo além do que esperávamos. Os cegos receberam visão, os mudos a fala e muitas doenças foram curadas – assim como vemos na Bíblia.

Como é prazeroso para mim, ver pessoas sendo curadas através da minha oração fervorosa! Sempre que eu clamava em alta voz dizendo: 'Senhor!', eu o fazia com toda a minha energia.

Através das poderosas e rápidas obras do Espírito Santo, centenas de pessoas foram curadas e enchiam o altar. Iam freqüentemente ao altar mais baixo para testemunhar os milagres que haviam acontecido em seus corpos.

Como Deus havia prometido, através dos raios de luz da cura, muitas pessoas puderam descartar seus óculos, outras suas muletas e outras se levantaram de suas cadeiras de roda.

Algumas delas, que tinham seus olhos espirituais abertos, puderam ver uma bola de fogo girando rapidamente no meu peito, que saía pelos meus braços, com o poder do Espírito Santo. Outras puderam ver também anjos tocando os doentes e amaciando ossos enrijecidos.

Nesse avivamento, aqueles que não tinham uma visão boa, voltaram a ver perfeitamente; os cegos puderam ver e quem não podia ver devido a cataratas ou diabetes também foi curado. Além disso, muitos se levantaram de cadeiras de rodas e pessoas com paralisia infantil foram curadas. Os crentes, que assistiam a tudo aquilo, regozijavam juntos e davam glórias a Deus.

O Forte e Rápido Redemoinho do Espírito Santo

Deus nos deu o evangelho de cinco bases e o poder da criação, porque juntos eles formam uma poderosa arma espiritual, para a realização da missão mundial neste mundo, que está cheio de pecados e escuridão. Aonde quer que vamos, as poderosas obras do Espírito Santo são manifestadas e muitas pessoas se convertem ao Senhor.

Abandonando uma candidatura à presidência

Honduras é um país predominantemente católico que tem sofrido de doenças e pobreza.

Antes de eu partir para Honduras, nossa equipe, que já estava lá fazendo preparações para cruzada, me disse que a segurança pública naquele lugar era ruim. Soube que pessoas comuns carregavam armas, o que era perigoso.

Também disseram que, por causa do tempo quente, algumas pessoas morriam por picadas de mosquito. Quando orei sobre isso, Deus me respondeu que Ele já havia cercado a cidade e o lugar da cruzada com a luz do Seu poder e que o exército celestial e os anjos estavam guardando a área. Assim, eu não tinha com o que me preocupar.

No dia 23 de julho de 2002, cheguei ao Aeroporto Internacional de San Pedrosula. Mais ou menos 1.700 pessoas nos receberam e entre elas estava um deputado chamado Esteban Handal, que havia tido um papel importante, para que a cruzada pudesse ser realizada em seu país.

O Sr. Handal, candidato à presidência, era um deputado, empresário e cristão conhecido por muitos.

Desde que participou em nossa cruzada em 2001 nas Filipinas e testemunhou o poder de Deus manifestado, sua vida mudou.

Ele perguntou-me: "Pastor, o Sr. acha que eu deveria me candidatar à presidência, ou é melhor me concentrar apenas nas obras de Deus?"

"Se fosse para escolher, eu lhe sugeriria que fizesse as obras de Deus apenas."

Seguindo meu conselho, ele parou com suas atividades políticas e decidiu espalhar o evangelho pelo mundo.

Nunca podemos nos comprometer com outras religiões

Quando cheguei ao hotel, havia repórteres e pessoas da imprensa de sete canais de televisão e cinco emissoras de rádio. A primeira pergunta que fizeram foi por que eu havia escolhido Honduras.

"A razão pela qual Deus me disse para vir a Honduras é para

abençoar o país. Vocês verão que, através da cruzada, milhares de pessoas serão curadas."

Elaborei um pouco mais:

"Digo milhares de pessoas porque, não apenas aquelas que estiverem presentes no local da cruzada, mas também quem estiver assistindo a ela pela TV ou ouvindo-a pelo rádio, serão curadas."

Pude falar aquilo com certeza porque Deus sempre nos mostrou sinais e maravilhas incríveis em todas as nossas cruzadas. Uma vez que proclamei uma coisa tão inacreditável em um lugar público, tornar-me-ia um grande mentiroso, se tais coisas não acontecessem.

No entanto, minhas palavras se tornaram realidade. Podíamos ouvir das emissoras que transmitiam a cruzada ao vivo, que elas estavam recebendo muitas ligações dos espectadores. Ouvi dizer, inclusive, que mais de mil telefonemas de pessoas, que diziam ter sido curadas assistindo ao evento pela televisão.

A segunda pergunta dos repórteres foi: "A Igreja Católica Romana e alguns protestantes então tentando se unir e fazer uma reconciliação entre diferentes religiões. O que você acha disso?"

Minha resposta foi severa: "O único Deus é o Deus Criador. O cristianismo nunca pode se comprometer com outras religiões. Deus nos diz claramente nos Dez Mandamentos que Ele é o único Deus e que diante Dele não há outros deuses. Portanto, não pode haver outra religião."

Os repórteres pareciam surpresos já que eu estava falando de forma muito dura em um país como Honduras, onde mais de 90% da população são católicos.

No dia seguinte, li o jornal 'Lo Tiempo.' De um lado havia a foto do Papa que estava recebendo a ajuda de outras pessoas, já que sofria do mal de Parkinson.

Do outro lado, havia uma propaganda da nossa cruzada com uma foto minha e a legenda em antítese de contraste dizendo: "Jesus Cristo cura hoje. Os cegos vêem, os mudos falam e os surdos ouvem."

O tempo quente esfria

Nas manhãs dos dias 26 e 27 de julho, fizemos a conferência de pastores na Igreja Ebenezer e o tempo estava frio. Ouvi dizer que ele havia mudado de repente, desde o dia em que nossa equipe missionária havia chegado ao país. A temperatura havia atingido mais de 40º C, mas do dia em que chegamos em diante, um brisa fria começou a soprar e as nuvens taparam o sol, fazendo o tempo ainda mais confortável.

Antes que partíssemos para Honduras, Deus me disse várias vezes que Ele iria controlar todas as condições do tempo e eu não deveria me preocupar com aquilo. Já que nunca havíamos tido dificuldades em nossas cruzadas ao ar livre, eu realmente não me preocupava. Entretanto, uma vez que Ele me disse tantas vezes para não me preocupar com nada, vi que alguma coisa ia acontecer.

Às 7h da noite do dia 26 de julho, começamos o nosso primeiro dia de cruzada. Às 6h da tarde, todavia, começou a chover e como a chuva estava engrossando, os equipamentos e microfones para a transmissão não puderam ser usados.

O estádio, capaz de acomodar 60.000 pessoas, já estava lotado de pessoas e eu ouvi dizer que, se chovesse, as pessoas do local voltariam para suas casas.

Então, o nosso grupo de dança subiu ao palco, debaixo de toda aquela chuva, com seus lindos vestidos típicos coreanos chamados 'Hanbok' e fizeram uma performance esplêndida com danças coreanas com leques.

O palco estava escorregadio por causa da água da chuva e então elas tiraram seus sapatos para dançar poderosas coreografias de adoração. Os participantes não foram embora, mesmo com a chuva pesada. Os dançarinos locais foram à frente, no campo, e também começaram a louvar a Deus junto com as do palco.

Eu estava na sala de espera e disse que queria subir às 6h. Os organizadores, entretanto, sugeriram que eu não o fizesse, mas eu tinha certeza de que a chuva pararia quando eu pisasse no palco. Eles insistiam em me dizer para não subir, falando que eu não deveria me molhar.

Às 7h eu já não podia esperar mais e subi ao palco, apesar das sugestões, para que eu ficasse na sala.

Naquele momento, uma chuva pesada transformou-se em uma garoa e logo a garoa parou. O céu clareou e uma brisa fria veio também. Como conseqüência da chuva e da brisa logo antes da cruzada, os mosquitos causadores de doenças e mariposas irritantes também desapareceram.

Muitos ficaram do lado de fora do estádio e não conseguiram entrar

Depois da pregação, orei pelos doentes. Os testemunhos daqueles que eram curados continuaram até as 10h da noite. AIDS, cegueira, pessoas mudas e várias outras doenças foram curadas.

As obras explosivas e de fogo do Espírito Santo foram manifestadas a nós, através do Maior Poder da Criação. Uma vez que eram muitos os sinais visíveis que estavam acontecendo, os invisíveis em pessoas que tinham doenças internas também não iam acontecer?

No segundo dia, mesmo antes de a cruzada começar, uma multidão já havia lotado não apenas os assentos, mas o chão também.

Brisas frias nos aconchegavam e não havia mariposa ou mosquitos, mesmo ao redor das luzes. O problema com mosquitos era tão sério, que o vice-prefeito de San Pedrosula me pediu para orar sobre isso. Entretanto, quando Deus estava conosco, não pudemos achar nenhum mosquito transmissor de doenças sequer.

"Pastor, incluindo aqueles que não conseguiram entrar no estádio, o número de pessoas que compareceram é maior quecem mil. Há ainda dezenas de milhares de pessoas lá fora também."

Como todos os assentos estavam ocupados, por razões de segurança não deixaram que ninguém mais entrasse; inclusive aqueles que estavam indo para o local às pressas. Senti muito pelos que tiveram de ficar do lado de fora."

Através da curta oração pelos enfermos, muitas pessoas se levantaram de cadeiras de rodas e muitas outras doenças foram curadas. Foram realmente muitos os que deram testemunhos.

Nada é impossível com o fogo do Espírito Santo

Sob a liderança do Dr. José Samara do Hospital Bethesda em San Pedrosula, médicos verificaram e documentaram os casos de cura. Fizeram check-ups com raios-X, MRI e pressão sanguínea.

A equipe médica também veio a ter firme fé depois de testemunhar em primeira mão as poderosas obras de Deus. Um dos médicos, Dr. Cruz Marin, apresentou-me o resultado que fez em uma garotinha de doze anos de idade, chamada Maria Yesenia. Havia perdido a visão devido à febre alta que teve aos dois anos e, apesar do transplante de córnea que havia feito, não conseguia enxergar. Entretanto, quando ela recebeu a oração na cruzada, um tipo de luz veio aos seus olhos e ela passou a poder distinguir objetos diferentes.

Também de doze anos de idade, um garoto chamado Esteban Zuninga havia sido infectado com o vírus HIV, depois de oito meses de nascimento. Foi à cruzada depois de ver uma propaganda na televisão e durante a oração pelos enfermos sentiu que um calor saiu do seu corpo.

Como não conseguia fazer digestão dos alimentos direito, não podia comer bem. No entanto, a dor que sentia desapareceu completamente e mais tarde veio a receber uma checagem médica e foi constatado que ele havia sido totalmente curado.

Osman Guerra Miranda tinha AIDS. Não conseguia mais caminhar e tinha de ficar deitada o tempo todo. Quando foi à cruzada e recebeu oração, sentiu como se um fogo tivesse ido sobre seu corpo e naquele momento a dor sumiu. Ela então pôde levantar e andar imediatamente.

Arnaldo Batres era responsável pela segurança da cruzada. Um mês antes do evento machucou sua perna. Tinha dificuldades com alguns movimentos, não podia nem mesmo pensar em correr e, ainda assim, trabalhava duro na cruzada. Na oração pelos doentes ele sentiu então todo o seu corpo tremendo e frio, e foi curado completamente.

A cura foi tão completa, que no dia seguinte ele já podia até jogar futebol. Sua filha de oito anos não podia ouvir desde o nascimento, mas foi à cruzada e também foi curada e passou a ouvir perfeitamente.

Suiafa Liera era mórmon e vinha assistindo à cruzada pela

televisão. Durante a oração pelos enfermos, ela pôs suas mãos sobre suas pernas, pois não conseguia utilizá-las desde que sofreu um acidente, há oito meses, até aquele momento. Recebeu a oração pelos enfermos e o fogo do Espírito Santo foi sobre ela e ela pôde caminhar e correr na mesma hora. Converteu-se ao cristianismo.

Os pastores locais diziam: "Sinto-me como se estivesse nos tempos da Bíblia. Agora eu creio com certeza que Deus é realmente Todo Poderoso." Senti-me grandemente recompensado ao ouvir tal coisa.

Assim como nos tempos de Jesus, quando os doentes vinham a Ele com fé, eles experimentavam as obras de fogo do Espírito Santo e eram curados.

Quando voltei para a Coréia, depois da cruzada, recebi uma carta do Vice-Presidente de Honduras me agradecendo, em nome do país, pela cura de tantas pessoas e por ter ajudado a guiá-las espiritualmente.

Uma Nova Dimensão de Poder

Grandes obras do poder de Deus haviam sido manifestadas em cada cruzada internacional, mas eu não estava realmente satisfeito. Cumprir a missão mundial com aquele nível de poder não foi suficiente, porque este mundo está cheio de pecados. Depois da cruzada em Honduras, Deus me levou a uma nova dimensão de poder. Ele me explicou sobre a 'Voz Original da Criação', da qual eu nunca havia ouvido falar. Deu-me um novo objetivo no qual eu tinha de achar a voz original, a fim de alcançar a perfeição do Maior Poder da Criação.

"Aquele que cavalga os céus, os antigos céus.
Escutem! Ele troveja com voz poderosa." (Salmo 68:33).

A voz original é a voz de Deus Criador no princípio. É tão grandiosa e magnífica que ecoa em todo o universo. Deus criou o universo e todas as coisas com a Sua voz. A voz original de Deus está em todas as coisas, para que elas obedeçam imediatamente quando esta voz é liberada.

"Então disse o SENHOR: 'Por causa da perversidade do homem, meu Espírito não contenderá com ele para sempre; ele só viverá cento e vinte anos'". (Gênesis 6:3).

Há apenas uma entidade que não pode ouvir essa voz original. É o homem carnal que não nasceu de novo na água e no Espírito. Para acordá-lo, precisamos do poder de Deus. Nos quatro evangelhos vemos registros de coisas obedecendo ao comando de Jesus.

"Os discípulos foram acordá-lo, clamando: 'Mestre, Mestre, vamos morrer!' Ele se levantou e repreendeu o vento e a violência das águas; tudo se acalmou e ficou tranqüilo. 'Onde está a sua fé?', perguntou ele aos seus discípulos. Amedrontados e admirados, eles perguntaram uns aos outros: 'Quem é este que até aos ventos e às águas dá ordens, e eles lhe obedecem?'" (Lucas 8:24-25).

Quando Jesus ordenou, o vento e as ondas obedeceram. Porque Ele ordenou com a Voz Original da Criação, até coisas inanimadas Lhe obedeceram. Isso era porque Jesus emitia a mesma voz original de Deus.

Há uma diferença entre o poder manifestado através da voz original e o manifestado através da oração com fé: é a velocidade da magnitude e da manifestação. A voz original pode mostrar obras de criação imediatamente. Mas a oração com fé, primeiro move as hostes celestiais e anjos; então leva mais tempo.

Na Coréia, algumas pessoas sábias profetizaram sobre coisas que iam acontecer algumas décadas ou mesmo centenas de anos antes de elas acontecerem.

Essas pessoas se desfizeram de sua natureza má, passando por um longo período de disciplina espiritual e ganharam o estado de 'nada'. Elas não julgavam ou condenavam nada e ouviam a voz de Deus. Nem sempre, mas algumas vezes ouviam-na e entendiam-na; e o que profetizavam era realizado.

No caso de Admiral Sooshin Lee, por exemplo, ele sacrificou a sua vida pelo rei e pelas pessoas com um bom coração, que não tinham maldade. Em seus diários, podemos ver que ele reconhecia a existência de Deus e orava a Ele com seu bom coração.

Uma vez que ele sabia o que ia acontecer, ele sabia sobre

a invasão que estava para acontecer no Japão. Então ele fez o chamado 'Barco-tartaruga', apesar das críticas que recebia, e salvou o país de sua decadência.

Patriarcas da fé que ouviram a voz original

À medida que crescemos em espírito, podemos ouvir a voz e receber a direção do Espírito Santo. Quando fazemos esse estado de desenvolvimento espiritual virar o estado do 'nada' e vamos para uma dimensão maior no espírito, podemos ouvir a voz original de Deus. Deus disse que eu tinha de mudar o nível espiritual que eu havia alcançado para o nível do 'nada' (1 Tessalonicenses 5:23).

Na Bíblia, podemos ver cenas onde pessoas ouviram a voz original. Para dividir o Mar Vermelho, Moisés obedeceu à voz de Deus e com sua vara estendida, ordenou ao Mar que se dividisse. Então uma grande obra aconteceu.

Quando Josué ordenou ao sol e à lua que parassem, ele ouviu a voz original e liberou a ordem. É por isso que o sol e a lua pararam. Não foi porque a sua fé por si era grande. Se ele tivesse o poder de parar o sol e a lua sozinho, tudo teria acontecido ao seu comando.

Ele não tinha de mandar o sol e a lua pararem. Se ele tivesse falado apenas as palavras: "Todos os soldados amalequitas sejam destruídos", todos os soldados o seriam e a guerra teria acabado.

O mesmo aconteceu com Lázaro, quando já havia estado morto por quatro dias e Jesus liberou a palavra para ressuscitá-lo. Jesus já tinha ouvido a voz de Deus. Na verdade, Ele sempre ouvia a voz do Pai.

Uma vez que Ele havia ouvido a voz do Pai dizendo-Lhe que

Lázaro seria ressuscitado e Deus receberia a glória, Jesus não tinha com o que se preocupar. Quando ordenou a Lázaro com a voz original, este então saiu do túmulo com vida.

O Fruto do Sangue do Mártir Tomé

Chennai, na Índia, é o lugar onde o apóstolo Tomé pregava o evangelho e foi martirizado. Hoje há uma catedral ali em sua memória. Tomé foi um dos doze discípulos de Jesus. Ele é muito conhecido pelas muitas dúvidas que tinha. Entretanto, depois que se encontrou com o Senhor ressuscitado, ele passou a possuir a verdadeira fé e recebeu o Espírito Santo. Foi martirizado, enquanto pregava o evangelho.

Em outubro de 2002, Deus me levou ao predominantemente hindu da Índia. Ele me deixou saber que aquela cruzada havia sido planejada antes que os tempos se iniciassem e que seria a primeira onde as obras da voz original da criação seriam manifestadas; era o ponto inicial muito importante para o evangelho ir ao Oriente Médio e Israel.

Uma seca severa

Chennai está localizada no sudeste da Índia e é a quarta maior cidade do país. A cruzada foi realizada na Praia de Marina, com o apoio da Associação de Ministros Evangélicos de Chennai. No dia 8 de outubro, deixei o aeroporto de Incheon e, enquanto estávamos voando para Singapura, arco-íris apareciam e desapareciam no céu. Já mencionei várias vezes que podíamos ver arco-íris sempre que fazíamos uma viagem missionária, e desta vez, inclusive, pudemos ver um arco-íris seguindo o avião por mais ou menos uma hora.

Possivelmente, quando vimos um arco-íris quádruplo brilhando, aquilo era um sinal de que Deus estaria conosco durante os quatro dias de cruzada. Outros tipos de arco-íris, inclusive retos, estavam aparecendo. Os membros da nossa equipe missionária exclamavam palavras de surpresa e alegria continuamente e registraram o que viram com câmeras e máquinas fotográficas.

Por volta das 22h do dia 8 de outubro, chegamos ao aeroporto de Chennai. Estava garoando e quando entrei no carro e estava saindo do aeroporto, começou a chover muito.

Aqueles que haviam ido ao local para nos dar boas-vindas, entretanto, estavam felizes mesmo sob aquela chuva. Ouvi dizer depois que eles estavam passando por uma seca severa pelos últimos três anos, e que já não chovia há nove meses. Era o maior problema social que tinham naquela época.

A cidade inteira de Chennai havia feito greve contra o governo por fornecimento de água. Cheguei sob essas condições e então chuvas freqüentes passaram a acontecer. Algumas pessoas passaram a me chamar de 'Homem da Chuva', dizendo que lhas havia trazido comigo.

Lei anticonversão

Deus queria receber toda a glória através dessa cruzada e Satanás elaborou grandes obras para tentar impedir tal coisa também.

Algumas pessoas espalharam rumores falsos em Channai para impedir o evento. Não bastasse, algo muito maior que isso estava acontecendo: uma ementa contra conversões forçadas estava sendo feita.

Ela dizia: "Ninguém deverá converter-se ou tentar fazê-lo, nem direta ou indiretamente; nenhuma pessoa pode passar de uma religião à outra, pelo uso de força, movimentos momentâneos, ou meios fraudulentos. Qualquer que for pego violando esta ementa poderá pegar até três anos de prisão ou pagar uma multa de 50.000,00 rupees. Se a pessoa for 'menor de idade, mulher, ou pertencente a uma Casta ou Tribo', o tempo de prisão poderá chegar a cinco anos e a multa a 100.000,00 rupees."

Aqueles que se convertiam por conta própria e líderes religiosos envolvidos com qualquer ato de conversão eram interrogados por um administrador local.

Essa ementa passou a ser válida no primeiro dia da cruzada – dia 10 de outubro. Tive de me arriscar ser preso por pregar o evangelho.

Antes de chegar à Índia, eu não sabia sobre a elaboração dessa ementa. Os membros da nossa equipe que já estavam no local preparando a cruzada não me informaram sobre ela. Acharam melhor não fazê-lo, para que eu não ficasse preocupado.

Devido a esse tipo de situação, os organizadores do evento me pediram para pregar uma mensagem somente de paz e bênçãos.

Mas se eu não pudesse pregar o evangelho do Deus Criador e Jesus Cristo, eu não tinha razão de estar ali. Eu não me retirei mesmo assim. Mesmo se isso significasse que eu seria preso – eu iria pregar o evangelho do Deus Criador e Jesus Cristo.

Em cada sessão eu enfatizava que eles poderiam ser perdoados pelos seus pecados e salvos, aceitando a Jesus Cristo. Também pregava sobre o lindo céu e o horrível inferno.

A Conferência de Pastores

O primeiro dia da cruzada foi no dia 10 de outubro, no qual havia um lindo arco-íris circular ao redor do sol de Chennai. Fizemos a conferência de pastores no Arangam Kamaraj pela manhã.

Aproximadamente três mil pastores, quase duas vezes mais do que os organizadores esperavam, participaram do evento. Falei sobre a razão pela qual Deus colocou a árvore do conhecimento do bem e do mal no jardim do Éden.

Ao vê-los atentos e entusiasmados, batendo palmas freqüentemente, pude sentir que ficavam espiritualmente sedentos, à medida que ouviam a mensagem.

O intérprete para a conferência não chegou na hora e alguém o substituiu. Depois fiquei sabendo que esse intérprete havia feito um acordo com uma pessoa do comitê de organização, de que não traduziria, se eu fosse falar de coisas do mundo espiritual.

Eu estava falando sobre a árvore do conhecimento do bem e do mal, e se eu deixasse de fora o conteúdo sobre o Jardim do Éden, o núcleo da mensagem ficaria faltando.

Contudo, uma vez que um novo intérprete não sabia da situação, ele simplesmente traduziu tudo. O trânsito não estava engarrafado, e ao ver que o tradutor original ainda estava atrasado, percebi que a mão de Deus estava interferindo naquilo.

Cheguei à Praia de Marina por volta das 6h da tarde, com grandes expectativas e um pouco de nervosismo. Marina é a segunda maior praia do mundo e estava a apenas quinze minutos do hotel. Dava, inclusive, para eu ver o palco do quarto do hotel. O palco era alto e tinha quarenta e cinco metros de largura. Tinha capacidade de duas mil pessoas sobre ele e era grande o suficiente para acomodar todos que quisessem subir para dar seus testemunhos. O lugar era tão grande que havia grandes telas de vídeo espalhadas nele. Tinha vinte e cinco metros diagonais. Muitas pessoas já estavam no lugar quando faltava ainda uma hora para o início da cruzada.

O começo da grande cruzada

Naquele dia eu preguei sobre o Deus Criador. Disse firmemente que mostraria a eles se Deus era ou não o Deus verdadeiro, se Ele era ou não o Todo-Poderoso e se Ele realmente fazia as coisas. Depois da mensagem, orei pelos enfermos com toda a minha força. Muitos demônios foram expulsos e inúmeros doentes foram curados. O evento estava sendo transmitido ao vivo em muitos canais de televisão.

Um dos curados foi um adolescente de dezesseis anos chamado Ganesh. Havia sofrido um acidente e estado hospitalizado, devido a um tumor que tinha no quadril. Este havia sido removido juntamente com um pedaço do osso e substituído por um enxerto de barras de metal, que conectavam sua coxa ao seu quadril. Ele teve de ficar de cama por seis meses.

Mesmo depois desse período, tinha dificuldades para andar, mas foi à cruzada com a ajuda de algumas pessoas. Quando recebeu a oração pelos enfermos, ele sentiu algo como um

Festival de Oração para Cura Milagrosa na Índia (na praia Marina)

choque elétrico e na mesma hora a dor desapareceu e ele não mais precisava de suas muletas.

No segundo dia de cruzada, choveu pesado de manhã. Compareceram mais pessoas do que no primeiro dia e mais curas aconteceram também. Algumas centenas de milhares de pessoas se reuniram no local todos os dias. Eu estava sobre o palco alto, mas mesmo assim tinha dificuldades de enxergar o fim da multidão. Depois das orações de curas, inúmeras pessoas

enchiam o palco e os organizadores ficaram muito surpresos.
Muitos avivalistas famosos já haviam feito cruzadas na praia de Marina, mas eles nunca haviam visto tantas obras de cura sendo manifestadas, e disseram que não esperavam que algo como aquilo acontecesse.

A providência de Deus da Maior Cruzada

No terceiro dia de cruzada, arco-íris circulares e retos estavam no céu. Mais uma vez, algumas centenas de milhares de pessoas se reuniram e o evento começou.

Entretanto, algo inesperado aconteceu. De repente, um vento forte começou a soprar e uma chuva também muito forte começou a cair durante o sermão. Havia relâmpagos e trovões. Não conseguia nem mesmo abrir meus olhos completamente devido à intensidade da chuva.

Até o palco estava sendo sacudido pelos ventos fortes. Algumas pessoas estavam ficando incomodadas e parecia que queriam ir embora. Disse a elas para não se abalarem com aquela chuva, mas que a vencesse com fé. Falei para darem glória a Deus. Em pouco tempo elas ficaram quietas e continuaram escutando a mensagem.

Não podia deixar de me preocupar. O maior problema era que o equipamento de filmagem e transmissão ficaria molhado, seria danificado, ou sofreria curto-circuito. A transmissão televisiva não podia ser interrompida. Então, tirei tudo isso da minha mente e tive fé que Deus nos protegeria.

Incrivelmente, o forte vento e a chuva continuaram por mais de uma hora, mas nenhum equipamento da transmissão como o de iluminação, telas de vídeo e demais eletrônicos foi danificado.

Com toda aquela chuva, raios e vento, um grande problema poderia ter surgido. Fios passavam por debaixo do palco e a chuva acabou penetrando em algumas tomadas; mas não houve nenhum desvio de corrente elétrica ou descargas. Nem um único acidente sequer ocorreu, porque Deus havia nos protegido.

Enquanto pregava, orava em meu coração, para que a chuva parasse, mas ela só ficava mais forte. Pelos últimos vinte anos, Deus havia sempre nos dado boas condições climáticas para eventos ao ar livre. Até a tempestade costumava parar através da oração. Era a primeira vez em que eu ficava ensopado com a chuva enquanto pregava.

Estava tão nervoso que perdi a força das minhas pernas. Tudo que queria fazer era sentar e chorar, mas não podia mostrar uma lágrima em meu rosto. Continuei pregando e sendo molhado debaixo de forte chuva. Também orei pelos enfermos. E tudo isso sem um guarda-chuva! Acho que as pessoas se sentiram tocadas ao me verem daquela maneira e não foram embora.

Naquele dia, Deus nos mostrou grandes obras de cura e numerosas pessoas assistiram ao evento pela TV e Internet.

Depois da oração, os testemunhos começaram e eu assistia a eles. Alguns dos que subiram ao palco inferior olhavam para mim e mostravam sua gratidão com lágrimas.

Depois que voltei para o hotel, perguntei a Deus em oração por que havia chovido tão forte e por que a chuva não parou com a minha oração. Ele me deixou saber que aquela chuva e vento fortes faziam parte de Sua providência.

Uma vez que havia chovido pela providência de Deus, a chuva não poderia ser interrompida, mesmo com a minha oração.

"Através disso, Deus e Jesus são profundamente plantados e mantidos nas mentes das pessoas da Índia, e você está nas mentes

Orando pelos enfermos sob chuva forte

deles também."

Ele me explicou que a razão pela qual Ele nos havia dado aquela chuva pesada era para que os pastores locais e muitas pessoas entendessem o que era a fé verdadeira e para gravar o amor de Deus no fundo de seus corações. Além disso, por termos superado tudo com fé, haveria um grande retorno de bênçãos.

Desde 2001, Deus vinha me falando que a cruzada na Índia havia sido planejada antes do início dos tempos e seria a maior de todas em muitos aspectos. Como Deus conhece o coração das pessoas, Ele sabia como mais pessoas se reuniriam.

Essa cruzada foi transmitida ao vivo em quatro canais de televisão e na Internet, o que era bastante raro para um evento cristão, especialmente em um país como a Índia. Inúmeros indianos assistiram à cruzada na TV, que havia continuado sob chuva forte, e foram tocados profundamente. Viram o verdadeiro amor de Cristo, e o amor de Deus estava gravado profundamente em seus corações. "Quem é aquela pessoa que ama o povo da Índia com tamanha devoção?"

A maior multidão

No dia seguinte, 13 de outubro, 1.5 milhões de pessoas quebraram o recorde de público na praia de Marina. Muitos que haviam assistido ao evento pela TV foram tocados e foram pessoalmente assistir a ele. Eu não conseguia ver o fim da multidão.

Alguns diziam que era como se todos os grãos de areia da praia houvessem se transformado em pessoas. Quando orei pelos enfermos naquele dia, pude ouvir o grito de muitos demônios.

Os demônios sabiam que eu iria expulsá-los e estavam gritando. Muitos indianos estavam possuídos por espíritos malignos, porque estavam adorando a ídolos por muito tempo.

Quando ordenei que os demônios saíssem, os gritos pararam e o ambiente ficou silencioso. Algumas pessoas viram, com os olhos espirituais, demônios fugindo sem nem mesmo olhar para trás.

O poder da voz original estava verdadeiramente grande. Os possuídos foram libertos, os surdos passaram a ouvir e os mudos a falar.

Algumas pessoas eram carregadas em macas, mas saíram daquele lugar andando. Muitas doenças incuráveis também foram curadas. Especialmente no último dia, quando aconteceram as obras de fogo do Espírito Santo que deixaram muitos registros.

Mas aquilo não era tudo. Os hindus fazem um tipo de magia envolvendo espíritos malignos. Eles penduram ovos ou algumas frutas em suas casas e amaldiçoam outras pessoas. Depois que voltei para a Coréia, recebi muitas cartas sobre atos de magia negra.

Um homem não-crente pendurava ovos em muitos lugares de sua casa, mas sua mulher era uma crente e estava assistindo à cruzada pela televisão.

Na oração pelos enfermos, os pregos que seguravam os ovos caíram fazendo-os cair também e quebrar. O marido surpreso disse que iria à igreja e não faria mais nada contra o cristianismo.

Os pastores locais disseram que essa cruzada foi a maior de todas que já haviam visto em vários aspectos. Disseram todos que Deus Criador e Jesus Cristo haviam sido anunciados e que a palavra havia sido confirmada com os sinais que seguem aos que crêem. Assim, a mensagem havia sido perfeita e livre de qualquer ponto de acusação.

Os organizadores disseram que mais de 60% dos participantes eram hindus. Muitos deles aceitaram a Jesus Cristo e se converteram.

Não apenas na praia de Marina, mas em nove cidades diferentes, colocaram grandes telas onde dava para assistir à cruzada ao vivo. Dezenas de milhares de pessoas se reuniram nesses lugares também. Elas ouviram a mensagem e foram curadas. Aquilo foi um marco na história do cristianismo na Índia. Foi uma cruzada onde o preço do sangue do martírio de Tomé deu frutos.

Numerosas pessoas testemunhando seus milagres de cura

Lei anticonversão finalmente abolida

No primeiro dia da cruzada, muitos policiais me assistiam de caras fechadas. Com o passar do tempo, entretanto, sua expressão facial mudou e ao verem muitas pessoas sendo curadas, vieram a mim e até se ajoelharam para receber oração.

A polícia reportou ao governo de Tâmil Nadu e ao Governo Central que mais de três milhões de pessoas no total haviam se reunido nos quatro dias de evento, que havia sido pacífico e sem acidentes. Era uma chance de o cristianismo ser avaliado pela sociedade indiana. Muitos crentes que vinham vivendo sob opressão passaram a se orgulhar de ser cristãos.

Muitas pessoas se converteram ao cristianismo e este foi fortalecido. Os líderes cristãos se uniram e entraram com uma ação exigindo a abolição da lei anticonversão. Escolas e hospitais cristãos fecharam e indivíduos cristãos também protestaram contra o Governo do Estado, jejuando. Antes, isso seria algo inimaginável.

Finalmente, nas eleições realizadas em 2004, o partido All-India Anna Dravida Munnetra Kazhagam (AIADMK) perdeu por uma grande diferença.

Era o AIADMK, o partido ao qual a governadora do Estado de Tamil Nadu, Sra. Jayalalitha, pertencia. O partido vencedor era o DPA (Aliança Progressiva Democrática), que era mais amistoso em relação ao cristianismo.

A Governadora do Estado, Sra. Jayalalitha, havia criado muitas políticas para conquistar o coração das pessoas. Uma delas era banir a lei anticonversão, que ocorreu no dia 18 de maio de 2004.

Muitos pastores e pessoas da imprensa também participaram da cruzada. Eles vinham dos Estados Unidos, Oriente Médio, Rússia, Austrália, Israel e outros países. Testemunharam o poder de Deus, que eles achavam que existia apenas na Bíblia, e pediram-nos que fizéssemos cruzadas em seus países também.

Mais de trinta países nos pediram para fazer Cruzadas. Aquela era a sétima, desde o ano 2000, mas eu nunca decidi o lugar onde realizá-las sozinho. Apenas sigo a ordem de Deus sem usar pensamentos humanos.

Capítulo 7

As Nações Andarão em Sua Luz, e os Reis da Terra Lhe Trarão a sua Glória

O que aconteceu em Dubai

Depois da cruzada de Uganda, Deus me deixou saber que eu iria para Dubai. Até então, nunca havia ouvido falar do lugar.

Depois, quando estava voltando da cruzada no Quênia, passamos por Dubai. Era a primeira vez que pisava naquela terra. Enquanto esperava no aeroporto, orei: "Pai, receba a glória de forma esplendorosa através desta terra."

Dubai é o segundo maior emirado dos Emirados Árabes. É o lugar de onde a Coréia importa a maior parte de seu petróleo. Deus disse que as sete cruzadas anteriores haviam sido cruzadas em medidas quantitativas, mas que aquela teria um aspecto mais qualitativo.

Deus disse que tínhamos de quebrar a estrutura dos nossos pensamentos, porque a cruzada em si não era o propósito em Dubai. O propósito ali era fazer-me conhecido diante de oficiais de alto escalão e cumprir a providência da construção do Grande Santuário mais tarde.

Recebemos a autorização das autoridades para fazer um encontro e preparamos um "Festival Cultural Coreano Cristão", dos dias 2 a 4 de abril de 2003, no hall de convenções internacionais do Hotel Hyatt. Era para apresentar as danças típicas da Coréia e adquirir relações mais cooperativas entre os dois países; além de pregar o evangelho de uma forma mais suave. Poderíamos ter feito o encontro em uma igreja, mas se o fizéssemos, os muçulmanos não teriam participado. Foi por isso que escolhemos um hotel. Desde o princípio eu sentia em meu coração que esse encontro não se concretizaria, mas não contei a ninguém da equipe. Deixei que preparassem tudo com fé.

Apesar de estar relativamente um pouco mais aberto que outros países do Oriente Médio, ainda é um país islâmico, e pregar para os árabes locais é estritamente proibido.

Cheguei em Dubai um dia antes da cruzada e fui notificado que o encontro teria de ser cancelado por razões de segurança.

A guerra no Iraque acabara de terminar e a situação mundial não era estável. Contudo, isso não era a causa direta. Um dos membros da nossa equipe teve a chance de se encontrar com o Príncipe da Coroa de Dubai, que havia ido inspecionar o hotel, e estendeu o convite a ele. Sabendo que era um evento cristão, o Príncipe da Coroa deu uma ordem direta de cancelamento do encontro.

Vigiados cuidadosamente pela polícia

No dia 2 de abril, mais de cem policiais fizeram inspeções no hotel. Mandavam embora qualquer um que estivesse ali por causa do encontro e mantiveram os olhos sobre nós, a equipe missionária.

O inimigo achou que o jogo ficaria perdido para nós se o encontro fosse impedido através das maiores autoridades do país, mas a providência de Deus estava sendo cumprida discretamente. No dia seguinte, recebemos um pedido do Clube de Deficientes de Dubai. Fomos ao lugar em grupos de três ou cinco e como ele havia sido planejado em cima da hora, havia apenas umas cem pessoas lá.

A maioria delas tinha deficiências maiores e muitas não podiam andar com suas próprias forças. Muitas mulheres estavam usando uma abaia preta (roupa típica árabe) e eu preguei um sermão de quinze minutos e orei em nome de Jesus Cristo. Grandes obras de Deus aconteceram. Aqueles que não podiam andar, passaram a fazê-lo e alguns recuperaram a audição. Pessoas que tinham seus corpos duros e enrijecidos, devido à paralisia cerebral, também puderam dobrar e esticar as juntas e se movimentaram.

Esse encontro e as cruzadas anteriores foram transmitidos por todo Dubai pela TV ZEE, que cobria, inclusive, dezesseis países da região.

Enquanto estava no hotel, aqueles que ansiavam pelo poder de Deus foram me encontrar, conseguindo, de alguma forma, passar pela polícia. Se tivéssemos realizado a cruzada, eu não teria sido capaz de me encontrar com tantas pessoas; mas pude encontrar então com as pessoas que Deus estava me enviando.

Uma senhora chamada Sheila Diwakar andava de cadeira de rodas há muito tempo depois que se machucou em um acidente de trânsito. Para ela, era muito difícil movimentar qualquer parte de seu corpo. Depois de receber minha oração, todavia, ela se levantou na mesma hora e começou a caminhar aos poucos. Ela não conseguia esconder sua alegria.

Algumas pessoas da imprensa nos ajudaram. O Dr. Omer

Yassin veio com sua esposa e filha. Esta tinha um problema de fala já há trinta anos, devido à encefalomeningite.

Quando recebeu minha oração, ela disse: "Obrigada!" O casal viu sua filha falar pela primeira vez eos dois ficaram profundamente comovidos.

O Dr. Omer disse que ia escrever sobre a cura de sua filha. Apesar de estar ali por um curto período de tempo, eu encontrei com muitas pessoas que seriam úteis para a missão no Oriente Médio. Essas pessoas se tornaram linhas de conexão para cumprir as providências de Deus.

A Cruzada na Rússia – um Evento Oficial do 300º Aniversário de São Petersburgo

No dia 27 de maio de 2003, o presidente Putin da Rússia convidou líderes de mais de cinqüenta países para a comemoração do 300º aniversário da fundação da cidade de São Petersburgo. Uma vez que líderes de muitas nações se reuniram em um só lugar, aquilo chamou a atenção de todo o mundo.

Uma cruzada na Rússia foi realizada no mesmo ano, e foi designada como um dos eventos oficiais de celebração, trazendo cooperação das autoridades do governo. Já desde o primeiro dia da cruzada, 12 de novembro de 2003, o Estádio Olímpico de São Petersburgo estava lotado de pessoas.

Novembro é um mês de muito frio e neve na Rússia. Entretanto, nos dias da cruzada, a temperatura foi atipicamente aconchegante, acima do ponto de congelamento. Preguei sobre o Deus Criador, por que Jesus Cristo é o único Salvador e o poder do Espírito Santo.

Em toda oração pelos enfermos, o estádio se enchia com o

Festival de Cura Milagrosa na Rússia.
(Estádio Olímpico de St. Petersburg)

calor do Espírito Santo.

Havia pessoas que gritavam que podiam ouvir; que antes não conseguiam caminhar e estavam caminhando; muitas que tinham de se apoiar em bengalas porque tinham pernas torcidas ou deformadas puderam andar sozinhas e outras jogavam seus óculos fora depois de recuperar a visão. Havia pessoas curadas de problemas de fala também e essas cenas foram todas transmitidas ao vivo para o mundo todo.

Fora de São Petersburgo, havia cruzadas simultâneas em

outros cinco lugares por transmissões ao vivo em Penza, Izhevsk e Ucrânia.

Depois que a cruzada terminou, fui a uma festa de despedida e um pastor que havia assistido ao evento simultâneo em Izhevsk me abordou. Apesar do frio de vinte graus abaixo de zero, mais de mil pessoas se reuniram e muitas foram curadas.

Um pastor responsável por um clube de deficientes expressou sua alegria dizendo que muitas pessoas com problemas de audição e perda de visão haviam sido curadas.

Essa cruzada foi transmitida ao vivo não apenas na Rússia, mas também para mais de cento e cinqüenta países via vinte e sete canais aéreos, vários cabos de rede e doze satélites diferentes. As pessoas experimentaram a cura divina assistindo à cruzada pela televisão nos países vizinhos da Rússia como a Estônia, e enviaram suas histórias às emissoras.

Os médicos locais foram à cruzada para registrar e documentar os casos de cura. Um médico expressou a surpresa que teve, dizendo: "Fiquei chocado em ver tantas pessoas sendo curadas só de receber oração."

O presidente da Associação da Igreja Pentecostal de Moscou disse que sentiu as obras de fogo do Espírito Santo e a presença de Deus, e aquilo foi um grande marco no avivamento das igrejas da Rússia.

Ele continuou dizendo que os pastores haviam se despertado do sonambulismo espiritual; passaram a acreditar que o poder de Deus não está apenas na Bíblia, mas é real e pode acontecer até nos dias de hoje. Dessa maneira, passaram a ansiar pelo poder de Deus e as igrejas se uniram.

O Começo dos Estudos Espirituais

Deus é espírito e à medida que nos transformamos em espírito e em verdade, também podemos fluir no 'espaço espiritual'. À medida que nos espiritualizamos, podemos nos tornar um com Deus e Seu espaço e receber o Seu poder. Dessa maneira, a autoridade que usamos na pregação passa a ser diferente.

Deixar uma impressão na vida de quem a escuta pode não ser difícil, mas para transformar efetivamente a vida de alguém, penetrando até na divisão da alma e espírito, das juntas e medula, temos de receber a autoridade de Deus.

A profundidade do mundo espiritual é ilimitada. A fim de levar-me a maiores dimensões do Seu poder, Deus deixou que eu desse início a estudos espirituais em janeiro de 2003.

Para ouvir a voz original de Deus vindo 100% do Seu coração e ter a revelação do Maior Poder da Criação, tive de passar por um processo.

Deus explicou-me sobre as leis espirituais desde o princípio dos tempos. Ele também explicou-me as regras da justiça. Deixou-me saber tudo sobre os profetas que alcançaram o nível espiritual conhecido como 'espírito completo' como Abraão, Moisés, Elias e o apóstolo Paulo.

Ele também me ensinou sobre o Deus Criador e o Senhor Jesus, e outros profetas e apóstolos que manifestaram Seu poder; além de guiar-me no estudo sobre os vários níveis de luz.

Ensinando pastores a exercerem seu ministério de forma espiritual

Baseado no que aprendi de Deus sobre o profundo terreno espiritual, fazia algumas conferências para pastores todo ano.

A fim de dar direções aos pastores da nossa igreja e a missionários internacionais, para que pudessem crescer em espírito e se tornarem queridos e servos poderosos de Deus, ensinei-os com toda a minha força e orei por eles com lágrima, agarrando-me a Deus por eles.

Assim como o apóstolo Paulo disse: *"Por isso, vigiem! Lembrem-se de que durante três anos jamais cessei de advertir cada um de vocês disso, noite e dia, com lágrimas"* (Atos 20:31), eu ensinava àquelas pessoas tudo que eu havia aprendido de Deus, para que elas pudessem se aprofundar para níveis mais maduros de fé e alcançar o nível de espírito completo.

Como seria bom se muitos outros pastores recebessem um poder ainda maior do que o que eu recebi e assim o reino de Deus cresceria e muito mais almas seriam salvas! Em julho de 2003, eu preguei na 21ª Conferência de Pastores uma mensagem com o título, 'O Fluir do Espírito'.

Nela, falei sobre o 'espaço' que eu havia aprendido de Deus.

Ensinei-os sobre como podemos possuir um coração de espírito e fluir no 'espaço'; e sobre os vinte e quatro anciãos na Nova Jerusalém. Encorajei-os, também, a ter um poder maior em seu ministério espiritual e ter mais esperança pelo céu.

Muitos versículos da Bíblia, como 1 Reis 8:27 e Jeremias 10:12 nos dizem que não existe apenas um céu, mas diferentes céus. No Novo Testamento, inclusive, Efésios 4:10 usa o plural na palavra "céu", em "sobre todos os céus".

O céu não é apenas um, mas muitos. Em geral, ele pode ser categorizado entre o espaço físico e o espaço espiritual, que é o terreno espiritual. O espaço físico é muito pequeno em tamanho, se comparado ao espaço espiritual.

O espaço físico é o primeiro céu e, do segundo céu em diante, todos passam a pertencer ao terreno espiritual.

O Jardim do Éden e os espíritos malignos existem no segundo céu. O reino celestial está localizado no terceiro céu e o quarto abriga o trono original de Deus, que possui dimensões diferentes do trono de Deus em Nova Jerusalém.

Espaço

O coração de Deus abriga todos os espaços do universo. Possuir o espaço é abrigar todo ele no coração; em outras palavras, é ter profundo conhecimento daquele espaço, cultivá-lo como conhecimento espiritual e fazê-lo completo em nosso coração.

O Salmo 68:33 diz: *"aquele que cavalga os céus, os antigos céus. Escutem! Ele troveja com voz poderosa."* A voz poderosa se refere à Voz Original da Criação.

Isso está no nível onde se possui e controla até o espaço do quarto céu. É somente neste nível que alguém pode soar a voz original, som este nomeado 'voz poderosa'. Nós, entretanto, não podemos ouvir essa voz.

Quando essa voz original da criação é soada, todas as coisas em todos os tipos de espaço obedecem a ela. Sua autoridade e dignidade sacodem todos os céus.

Se uma pessoa ouvisse realmente essa voz, seu tímpano se romperia. Nós podemos ouvir essa voz poderosa só quando Deus abre nossos ouvidos espirituais.

Deus primeiro me deixou ter conhecimento espiritual sobre o espaço do quarto céu. É possível, quando alguém ultrapassa o nível de só 'espírito', vai para o puro nível de espírito de Deus e possui o espaço do quarto céu completamente. Então, essa pessoa pode controlar o segundo e o terceiro céus em espírito também.

Aqueles que alcançaram o nível de espírito completo como Elias, Moisés e o apóstolo Paulo, alcançaram o nível de controlar os espíritos malignos que estão presentes no segundo céu. Os espíritos malignos tremem diante dessas pessoas que alcançaram o espírito completo e, verdadeiramente, não podem nem se aproximar dessas pessoas.

Mas enquanto o homem de espírito viver nesta terra, o inimigo incitará pessoas más para o perseguirem e atrapalharem-no. Essa autoridade é a autoridade dada por Deus aos espíritos malignos, até que a cultivação humana na terra acabe. O inimigo usa essa autoridade e tenta perseguir e causar distúrbios nas obras que realizam o reino de Deus.

É por essa razão que depois que alcançamos o nível de espírito completo, temos de continuar lutando contra os poderes das trevas, até que nossos ministérios nesta terra tenham terminado. Todavia, quando a pessoa possui o espaço no quarto céu, as coisas são feitas ao soar da voz original; então o inimigo não pode atrapalhar tais obras.

Alguns podem se perguntar: "Se Deus deu autoridade a espíritos malignos, eles então não podem realizar obras poderosas?" Não, o inimigo não pode operar obras de poder sob sua própria autoridade. Ele traz testes e provações àqueles que deixam a Palavra de Deus e cometem pecados e isso é feito de acordo com as leis do mundo espiritual. Deus disse à serpente que ela comeria do pó da terra por todos os dias de sua vida (Gênesis 3:14), mas as serpentes, ou cobras, não comem pó – alimentam-se de coisas vivas como ratos ou sapos.

Aqui, o pó tem um sentido espiritual. Ele se refere ao homem que foi feito do pó da terra. Deus permite que o inimigo devore aqueles que são 'homens carnais', que desobedecem à Sua palavra e pecam.

O poder da criação para ressuscitar os mortos, curar o paralítico e fazer os olhos do cego voltar a ver, pertence exclusivamente a Deus. O inimigo não tem tal poder e, por isso, não é mencionado nenhuma vez na Bíblia que espíritos malignos realizaram tais coisas.

No processo de treinamento para entrar no espaço do quarto céu, Deus removeu a energia física do meu corpo e encheu-o com energia espiritual. Nesse processo, tive algumas anormalidades em meu corpo, pois ele antes estava em um estado do mundo tri-dimensional e foi para o tetra-dimensional espaço do quarto céu.

O espaço espiritual na quarta dimensão é a dimensão na qual Deus existia sozinho como o som e a luz originais. Nesse nível, as coisas são realizadas só de imaginá-las no coração.

Bênção Através de Três Provações Permitidas em Providência

Suponha que o poder de Jesus seja cem. O poder que um homem de espírito completo pode manifestar é no máximo cinqüenta. O apóstolo Paulo é a figura da Bíblia que manifestou as obras mais poderosas. Ele se comunicava com Deus ativamente e escreveu quatorze livros da Palavra. Mesmo sendo grande desse jeito, ele tinha apenas cinqüenta por cento, comparado ao poder de Jesus.

É por isso que ele não pôde fazer o cego voltar a ver e o mudo a falar. Ele não podia manifestar obras que transcendiam os limites de tempo e espaço.

Algumas pessoas podem pensar que Moisés operou coisas em um nível de poder maior que o de Paulo. Entretanto, os sinais e maravilhas que ele mostrou, como dividir o Mar Vermelho, foram por obedecer à Palavra de Deus.

No caso do apóstolo Paulo, mesmo sem a ordem de Deus, através de sua própria fé, ele operou sinais e maravilhas. Para realizar a missão mundial nos tempos atuais que estão tão cheios de pecados, Deus disse que até os cinqüenta por cento do nível de poder de Paulo não serão suficientes.

Se o poder que eu tinha era um por cento na época em que abri a igreja, Deus encheu os nonenta e nove por cento que eu não tinha e nos mostrou grandes sinais e maravilhas. Através de várias provações de fé desde o início, o poder que eu tinha foi aumentando aos poucos e alcançou o nível de cinqüenta por cento pouco antes dos três testes começarem em 1998. Mas isto ainda não era o suficiente para realizar toda a providência de Deus. É por isso que Deus me guiou de modo a adquirir maior poder, através das três provações. Tive de ser traído por muitas pessoas e ser perseguido sem motivo, superando tudo com gozo, ações de graças, orações, amor e bondade.

O inimigo tentou destruir-me com os três testes e outros esquemas, mas não conseguiu. A lei do mundo espiritual dita que o salário do pecado é a morte. Portanto, o mal não pode matar ou destruir ninguém que não comete pecados. O inimigo incitou pessoas más e crucificou Jesus, mas, uma vez que Jesus não tinha pecados, Ele quebrou a autoridade da morte e ressuscitou.

O mal não pôde fazer mais nada para ficar em meu caminho e impedir minha missão. Ao passar por aqueles três testes, Deus me deu a luz de quatro níveis de poder. Antes disso, quando eu orava, o poder descia do céu e passava através de mim. Com a luz do poder de Deus, entretanto, ele começou a sair de dentro de mim.

Para concluir a cultivação humana neste mundo tão cheio de pecados, nós precisamos do poder da criação. É por essa razão que Deus me deu esse nível, ao permitir que eu passasse por todos os tipos de testes, para que o mal não pudesse me trazer mais acusações ou objeções.

Como passei nos testes, o inimigo não pôde fazer mais nenhuma objeção quanto a mim e Deus me deu Seu poder. Sem passar por esse tipo de processo, Satanás objetaria dizendo a Deus: "Destes ao Seu servo tão grande poder, que muitas pessoas passaram a crer por causa dele. É isso que é cultivação humana?" Deus trabalha dentro da justiça perfeita e não possui nenhuma mancha. Ele tem cultivado os seres humanos por muito tempo, mas nunca fez nada que fosse injusto. Ele me deu os quatro níveis de poder e treinou-me para entrar em níveis mais perfeitos.

Isso, porque temos de realizar a missão mundial e proclamar sobre o Deus Vivo por todas as nações. Através desse processo, percebi profundamente tanto a humanidade de Deus, que em bondade, entende e quer acreditar até em pessoas más, como Sua divindade, que discerne o mal dos homens. Foi um processo para que o amor e a justiça de Deus fossem depositados em meu coração.

No ano 2000, o nível de poder aumentou efetivamente. Começando com a cruzada em Uganda, a porta para missões mundiais se abriu completamente e o poder da criação foi manifestado. No entanto, não foi fácil para um homem de carne e osso chegar ao espaço da quarta dimensão.

Pense em como os astronautas treinam duro para se adaptar ao ambiente diferente do espaço. Da mesma maneira que a resistência é enorme quando eles saem da atmosfera da terra, tive severas convulsões enquanto tentava entrar no espaço da quarta dimensão.

Em novembro de 2003, o treinamento atingiu seu auge na época da cruzada na Rússia. As convulsões também. Não conseguia nem dormir, porque tinha de lutar contra tais convulsões dia e noite. Em 2004, todavia, elas tiveram uma grande diminuição.

Mesmo agora, os fardos da missão mundial e construção do santuário, e questões financeiras para essas coisas, ainda me pressionam. Quando todas essas preocupações desaparecerem, eu terei descanso e as convulsões também, naturalmente, desaparecerão. No dia 15 de abril de 2004 os estudos espirituais acabaram. Desde então, um treinamento em que eu colocaria em prática o que tinha aprendido começou. Estava em minha casa de oração nesse dia e no céu pude ver um lindo arco-íris circular.

Pude sentir o poder aumentar a partir da hora em que terminei os estudos espirituais. As obras de cura começaram a acontecer mais rápido que antes. Até eu fiquei maravilhado. Uma pessoa com queimaduras sérias foi curada e livre de cicatrizes em apenas uma semana.

Os membros da igreja passaram a receber bênçãos mais rápido também. Tudo acontecia rápido. Quando terminar de completar o treinamento espiritual, serei capaz de manifestar as obras poderosas de Deus dentro da lei de amor e justiça de Deus, sem nenhum impedimento, transcendendo os limites do mundo físico e espiritual. Em outubro de 2004, comecei o treinamento espiritual pelas mãos de Deus, que estava me guiando para níveis mais profundos do Seu poder.

Depressão curada por culto na Internet

Wei Iran, que vivia em Taiwan, tinha depressão e insônia desde maio de 2004 por causa de stress excessivo no trabalho. De 4 às 5h da tarde, todos os dias, ela tinha dificuldades respiratórias, a ponto de ter de ser levada ao hospital para colocar uma máscara de oxigênio. As medicações que tomava não funcionavam.

A maior causa da depressão é o stress, e é difícil superá-lo quando se está sozinho, com a própria vontade. Em casos sérios, os pacientes cometem suicídio; e hoje em dia, a doença se tornou um fenômeno mundial.

As condições dessa mulher pioravam cada vez mais, e em julho teve licença no trabalho. Além do mais, não sofria apenas de depressão, mas também tinha a doença de Ménière, que quer dizer que ela tinha tonturas e perdia o equilíbrio. Suas pupilas perderam o foco e seu corpo estava tão rígido que ela somente conseguia movimentar-se com a ajuda de alguém.

Nessa situação, ela aceitou o evangelho que seus amigos pregaram para ela e visitou a Igreja Manmin em Taiwan. Começou a participar dos cultos de domingo pela Internet e recebeu a graça de Deus. Ao ouvir as mensagens, percebeu que tinha pecados e maldade em seu coração e se arrependeu com lágrimas. Sua fé então foi crescendo aos poucos.

O pastor da igreja de Taiwan enviou-me a foto dessa senhorita com um pedido de oração; e no dia 17 de setembro, na vigília de sexta, coloquei minha mão sobre ela e orei intensamente. Deus respondeu essa oração e sua depressão e a doença de Meniere foram curadas.

Ela pôde dormir com conforto e respirar normalmente desde então. Logo voltou a trabalhar e visitou nossa sede na Coréia várias vezes. Hoje ela é uma cristã fiel.

Peregrinando

Em março de 2004, comecei a peregrinar. Já o havia feito muitas vezes, mas desta vez, foi bem diferente e cheio de emoções especiais. Galiléia foi o palco principal do ministério de Jesus. Foi o lugar onde Ele chamou muitos dos seus doze discípulos e mostrou muitos sinais. Nossa equipe tinha um tempo significante com louvor, oração e meditação a bordo de um navio do Mar da Galiléia.

Meditando em Jesus

As abundantes palavras que Jesus disse em ensinamento se tornaram como pedras coloridas e brilhantes no lago. Jesus passou por aqui? Jesus pregava o evangelho e manifestava sinais, o que não o deixava ter tempo suficiente para comer ou descansar confortavelmente.

Não podia deixar de observar uma árvore, pedra ou planta sequer na Galiléia. Ao olhar ao meu redor, tinha tanta saudade do Senhor que só de pensar no que Lhe aconteceu, meu coração doía. De madrugada eu orava intensamente no Mar da Galiléia e meditava nos atos de Jesus.

Meu anseio pelo Senhor logo se transformou em lágrimas que escorriam dos meus olhos. Enquanto pregava na Galiléia, Deus, em inspiração, mostrou-me uma cena da Bíblia.

Jesus visitava muitos lugares, ensinando as pessoas e curando enfermos; então não tinha tempo suficiente para descansar. Ele e Seus discípulos estavam caminhando e decidiram sentar um pouco. Então Pedro, que era como o líder dos doze, encheu-se de vontade de se apegar a Jesus e servi-Lo. Pedro sempre caminhava na frente. Ele tirou parte de sua veste e secou uma pedra para Jesus sentar.

Os pés de Jesus ficaram sujos com o caminhar pelas ruas cheias de poeira. Quando Jesus sentou, João limpou Seus pés e sandálias com suas próprias roupas e os discípulos foram a algumas casas perto dali, para conseguir algum alimento: pães achatados, finos e redondos.

Pedro escolheu o melhor e deu para Jesus, enquanto os discípulos se sentavam à beira da rua e compartilhavam os pães. Jesus recebeu o coração de Seu discípulo servindo-O por completo e comeu todo o pão que Lhe fora oferecido.

As palavras que Jesus falou foram como gotas de água formando o Mar da Galiléia. Mesmo com o avanço da ciência, ouvir a Sua voz novamente é humanamente impossível; mas se Deus abre nossos olhos e ouvidos espirituais, podemos ver e ouvir tais coisas. Ao ver a cena com olhos espirituais, percebi que havia fortes luzes sempre com Jesus, aonde quer que Ele fosse.

No Mar da Galiléia

O Monte da Transfiguração

O Monte da Transfiguração é o lugar onde Jesus foi com Pedro, Tiago e João e orou. Ali, os discípulos assistiram à transfiguração de Jesus em corpo espiritual, encontraram-se com Moisés e Elias e conversaram sobre coisas espirituais e profundas com eles. Pedro disse que queria fazer três tabernáculos.

Quando subi nesse monte, vi que o lugar era realmente mais que o suficiente para se construir três tabernáculos. Não foi difícil para Jesus e Seus discípulos escalarem essa montanha? Pude sentir a luz espiritual, os sons e a energia ali.

Com olhos espirituais, alguém pode logo reconhecer o lugar onde Jesus se encontrou com Moisés e Elias porque estava coberto com fortes luzes. A igreja que está construída em comemoração a esse acontecimento (da Transfiguração) está a mais ou menos cinqüenta a sessenta metros de distância desse ponto.

Também visitei o Getsêmani e a Igreja de Todas as Nações (traduzida para o coreano, 'Manmin'), que está construída no lugar onde Jesus orou antes de tomar a cruz, onde Suas gotas de suor se tornaram sangue.

Via Dolorosa

Jerusalém é uma cidade melancólica. Isso é porque as pessoas ali não reconheceram Jesus como Seu Salvador, mas crucificaram-No. Pude sentir a dor e as lágrimas de Jesus por Jerusalém. Perto do Muro das Lamentações há uma cúpula dourada, que é um templo islâmico.

Um dia depois que chegamos a Jerusalém, ouvimos algo inesperado na CNN. O governo israelense havia assassinado o líder palestino, Sheik Ahmed Yassin. A cidade então estava sob tensão.

Os palestinos fecharam suas lojas para se manifestarem. A Via Dolorosa estava geralmente sempre cheia e barulhenta, devido às muitas lojas e aos comerciantes árabes convidando os consumidores para comprar. Assim, geralmente, não era fácil para os peregrinos meditarem no silêncio e calmaria sobre Jesus carregando a cruz, à medida que faziam Seu caminho pela rua até o monte, passando pelas multidões de pessoas.

Naquele dia, entretanto, como os comerciantes árabes fecharam suas lojas como forma de manifestação, a Via Dolorosa havia se tornado uma rua silenciosa. Muitos outros peregrinos haviam cancelado suas idas ao lugar por razões de segurança e não puderam nem mesmo ver muitas das pessoas locais. Nós, no entanto, pudemos passar pela via de forma bem silenciosa e solene. Deus nos deu Sua graça para nos sentirmos como se estivéssemos nos tempos de Jesus, em clara inspiração.

Pude sentir que Jesus estava o tempo todo se comunicando com Deus em espírito, enquanto carregava a cruz. Ele superou as dores de cada momento, comunicando-Se com Deus. Quando Ele estava caminhando por aquele caminho, o Pai, no céu, também sentia o mesmo tipo de dor.

Pedro podia ser visto, vagamente, seguindo Jesus, escondido na multidão. Estava em lágrimas, muito arrependido. Não ousou chegar perto de Jesus, pois pensou: "Como é que eu pude ter negado o Senhor três vezes?"

Depois que Pedro negou Jesus três vezes, ele se arrependeu e lamentou imediatamente. Parece que ter seguido Jesus foi algo natural para ele fazer. A razão para isso não estar na Bíblia é que Pedro estava seguindo Jesus à distância e os discípulos não puderam vê-lo.

As mulheres que ficaram com Jesus até o fim

A Virgem Maria seguiu Jesus. Ela tinha seu coração partido e estava tão aturdida física e mentalmente, que não tinha total controle sobre seu corpo. Maria Madalena então confortou-a demonstrando sua solidariedade e tristeza também. Naquele momento, a mulher que tinha sido curada de hemorragia foi para diante de Jesus para secar Suas gotas de suor.

Um soldado romano tentou tirá-la dali, mas ela rapidamente se moveu entre as pessoas e conseguiu enxugar o suor do Senhor.

Um chicote, então, veio do nada e acertou-a com força. Ela caiu no chão. Os soldados estavam usando lanças e escudos para manter as pessoas a uma certa distância de Jesus.

Aquelas mulheres poderiam ter caído em alguma armadilha e sido mortas pelos soldados romanos. Elas, todavia, não tinham medo e seguiram Jesus até o fim, pelo caminho da crucificação.

Aquelas mesmas mulheres foram as primeiras pessoas a irem ao túmulo do Senhor. Gólgota está a aproximadamente oitocentos metros acima do nível do mar. Naquela época, não havia estradas pavimentadas como hoje, e a jornada era dura.

Na madrugada do primeiro dia depois do sábado, Maria Madalena e a Virgem Maria subiram ao Gólgota. Machucaram seus pés e estragaram suas roupas nas pedras pontiagudas, mas não se importaram. Esse amor perfeito lançava fora todo o medo (I João 4:18).

O Fogo do Espírito na Alemanha

As mãos guiadoras de Deus para o cumprimento da missão mundial nos guiaram à Alemanha. Havia uma providência Dele de acordar a Alemanha e a Europa, onde o avivamento havia parado.

A Alemanha é o berço da Reforma, mas muitas igrejas estão vazias e, como em outros países europeus, é difícil encontrar jovens nas igrejas. Parte disso se deve ao desenvolvimento da teologia liberal e da filosofia, as quais ensinam às pessoas que está OK se comprometerem com o mundo e não viverem uma vida centrada na Bíblia.

Em espírito, muitas igrejas na Europa hoje não são tão diferentes da igreja de Sardes, que recebeu repreensão do Senhor: *"você tem fama de estar vivo, mas está morto"* (Apocalipse 3:1).

Aqueles que têm a Palavra de Deus apenas como conhecimento, não têm obras que seguem sua crença. Isso significa que têm uma fé morta e não podem ser salvos (Tiago 2:26).

Na Alemanha, já faz muito tempo desde que os jovens deixaram a igreja. Muitas pessoas perderam sua fé pura. Se ouvem dizer que os milagres da Bíblia estão acontecendo agora, fazem expressões de dúvida ou outras peculiares. Para despertar a Alemanha deste tipo de sonambulismo espiritual, dos dias 1 a 3 de outubro de 2004, fizemos uma cruzada na Arena Oberhausen, que está localizada perto de Düsseldorf.

Rev. Alexander Yepp e outros pastores que estavam preparando o evento disseram que não era fácil reunir duas ou três mil pessoas nem mesmo com os famosos avivalistas. Disseram que seria um sucesso se mil pessoas já comparecessem e queriam alugar um lugar que tinha capacidade para mil e quinhentas pessoas.

Nós, então, os persuadimos a marchar com fé e finalmente conseguimos a Arena Oberhausen, que tinha capacidade total de doze mil assentos. Milhares dos nossos membros estavam orando pela cruzada na Alemanha nas reuniões de oração, que foram realizadas todos os dias.

Deus provavelmente foi tocado pelas orações, jejuns e ofertas missionárias dos membros da nossa igreja, pelo despertar das igrejas da Europa e mostrou-nos uma explosão de obras do Espírito Santo.

Diferente das previsões dos pastores locais, a arena ficou lotada desde o primeiro dia e os participantes ouviam a mensagem com muita atenção. Ao ouvi-la, eles então passaram a ter fé e, quando orei pelos enfermos, experimentaram uma explosão de curas em todo o local.

No primeiro dia, muitas pessoas que andavam em cadeiras de rodas já se levantaram e caminharam e os ouvidos dos surdos

Festival de Cura Milagrosa na Alemanha, Arena Oberhausen

Esses dois estão testemunhando suas curas através da oração

foram restaurados. Muitos receberam boa visão e jogaram seus óculos fora. Muitos outros também foram curados de doenças incuráveis e deram seus testemunhos no palco. Médicos verificaram e documentaram todas as curas que aconteceram naquele lugar.

O Dr. Geoffrey era especialista em medicina esportiva. Depois que sofreu de encefalomeningite, teve diabetes. Com um ataque cardíaco, sua pressão subiu a cento e oitenta e o diagnóstico dizia que ele não viveria por muito tempo.

Entretanto, ele foi à cruzada desde o primeiro dia e, no terceiro, recebeu o fogo do Espírito Santo na oração pelos enfermos e sua falha cardíaca foi curada. Sua pressão sangüínea também se normalizou e as outras doenças melhoraram significativamente. O Dr. Geoffrey nos enviou uma carta agradecendo por suas doenças incuráveis terem sido curadas, juntamente com documentos médicos que provavam o ocorrido.

Muitas outras pessoas foram à cruzada depois de verem cartazes e outdoors nas ruas. Outras foram depois que assistiram ao noticiário sobre o evento pela TV. Elas experimentaram obras de cura. Essa cruzada foi transmitida ao vivo a setenta e cinco países por meio de quatro satélites e nós acabamos recebendo testemunhos de pessoas que foram curadas, enquanto acompanhavam o evento pela televisão.

Os pastores locais ficaram muito chocados ao testemunharem os próprios membros de suas igrejas e famílias sendo curados. Ao verem a explosão das obras do Espírito Santo, confessaram que passaram a crer verdadeiramente que as obras vivas de Deus ainda acontecem hoje, da mesma maneira que aconteciam nos tempos de Jesus; e tiveram mais idéias e confiança para seus ministérios.

No Peru (que uma vez já foi Império Inca)

O Peru ainda tem a respiração do Império Inca que floresceu como uma magnífica civilização antiga. Machu Picchu é um dos restos dos incas, localizado no Vale de Urubamba, a dois mil, duzentos e oitenta metros acima do nível do mar.

Está rodeada por montanhas, cujos picos são altos e pontiagudos, e não pode ser vista de baixo. É por isso que é chamada a 'cidade no ar'.

Possui templos, blocos residenciais e o palácio construídos pelos incas no século XV. Podem-se ver imensos blocos de pedra que foram cortados cuidadosamente, com seis metros de altura e um metro e meio de grossura.

Só um pedaço de rocha pesaria muitas toneladas. Hoje, o mundo inteiro se pergunta como eles conseguiram levar rochas tão pesadas ao topo da montanha ou cortá-las tão perfeitamente. Machu Picchu significa 'um pico antigo', e foi fundada e conhecida no mundo nos primeiros anos do séc. XX, depois que o historiador americano Hiram Bingham a fundou em 1911.

Em dezembro de 2004, quando cheguei ao Peru, pude sentir por que Deus havia escolhido esse país para fazermos uma cruzada. Os peruanos tinham orgulho de ser descendentes dos incas, mas também haviam sofrido muito por ter sido colônia por muito tempo. Eram pobres e puros de coração. Eu podia ver que eles ansiavam pelo poder de Deus mais que qualquer outro povo de outro país.

Encontrando-me com o presidente Toledo

No dia 1º de dezembro de 2004, pouco antes da Cruzada Unificada no Peru, fui convidado a ir ao palácio presidencial

Encontrando com o Presidente Toledo, do Peru, no Palácio Presidencial

pelo Presidente Toledo. A primeira impressão que tive foi que ele estava cheio de preocupações e agonias, provavelmente devido ao stress por administrar um país.

Conversamos sobre muitas coisas e ele disse: "Ao viver a rotina do dia-a-dia, não é fácil satisfazer necessidades espirituais. Respeito aqueles que levam vidas espirituais e guiam espiritualmente outras pessoas."

Ele também me pediu para orar, dizendo: "Por favor, ore, para que eu receba a sabedoria e a força dos céus para governar e desenvolver esse país, e pela união dos peruanos." Orei por muitas coisas, incluindo o desenvolvimento econômico e a estabilidade política do Peru.

Apesar de o encontro ter sido ligeiro, o presidente expressou seus agradecimentos a mim. Talvez porque ganhou paz de coração através da oração. Quando estávamos deixando o país, depois da cruzada, ele enviou o presidente do partido da maioria para agradecer-nos.

Uma multidão sem fim

Do dia 2 a 4 de dezembro, fizemos a cruzada em 'Campo de Marte', na cidade de Lima. Essa cruzada foi realizada com o apoio de políticos, empresários e a imprensa. Por três dias, mais de quinhentas mil pessoas participaram.

As fortes obras do Espírito Santo curaram não apenas os participantes, mas também aqueles que assistiam ao evento pela televisão. Pessoas que não podiam caminhar, colocaram de lado suas cadeiras de rodas ou muletas e andaram.

Havia pessoas curadas de cânceres e outras de cegueira. O palco lotou de pessoas dando testemunhos de cura. Regozijavam não apenas quem havia experimentado os milagres, mas também seus familiares e vizinhos, todos se alegravam e se derramavam em lágrimas.

Essa cruzada foi transmitida ao vivo para todo o Peru em três canais e para o mundo todo através de vinte estações, vários cabos de rede e pela Internet.

No palco podiam-se encontrar muitos políticos, empresários, pessoas da imprensa e líderes religiosos; incluindo o Vice-Presidente anterior, Maximo San Roman; e a Sra. Rosa Graciela Yanarico, presidente do partido de maioria. Muitos parlamentares, pastores e membros da imprensa de todo o mundo estavam no local.

Localizada em um dos cantos do lugar da cruzada, estava uma mesa para receber os 'resgistros de testemunhos'. Mais de vinte médicos e enfermeiras locais documentaram e registraram os casos de cura e registraram os testemunhos. Victor Callo Yerena (professor da Faculdade de San Hernando) disse: "Nunca acreditei de fato em Deus. Mas com essa cruzada reconheço que Seus milagres e curas foram manifestados."

Uma história sobre um empresário – o Sr. Arce

Um empresário chamado Vicente Diaz Arce era um participante ativo nessa cruzada. É um empresário influente e conhecido por suas obras de caridade. Ele ouviu a voz do Espírito Santo dizendo-lhe para ajudar a nossa equipe na preparação da cruzada no Peru e foi encontrar-se com ela. Ele nos apresentou a presidente do partido de maioria e também nos ajudou a conduzir uma cruzada bem-sucedida.

Entretanto, ele se encontrava na lista dos procurados por

Cruzada Unificada no Peru

causa de alguns problemas legais. Havia sido erroneamente acusado por seu sócio anterior e um juiz o condenou. Se fosse capturado, ficaria três anos na prisão; e, por isso, não saía de casa para evitar ser visto pela polícia. Quando ele encontrou nossa equipe foi em sua casa, e não foi encontrado pela polícia.

No dia 30 de novembro, dia em que cheguei ao Peru, ele foi ao hotel para me encontrar. Orei por seu problema. Naquele momento, ele decidiu ir aos três dias da cruzada. Era uma decisão de total confiança em Deus.

No dia seguinte Deus estava trabalhando. Diferente de outros países, no Peru eles tinham um encontro de juízes e podiam re-investigar um caso. Além disso, outros juízes podiam fazer correções e mudanças. Assim, o que aconteceu foi que um outro

Inúmeras pessoas testemunhando suas curas

juiz pegou os documentos referentes ao Sr. Arce, concluiu que ele não era culpado e o notificou daquilo.

No dia 2 de dezembro, quando recebeu a carta do juiz, o Sr. Arce se comoveu profundamente ao ver o poder da oração. Como o seu problema tinha sido resolvido, ele estava livre para ir à cruzada. Ele nos ajudou a fazer um evento de sucesso, responsabilizando-se por várias questões administrativas e outras coisas também.

Depois que a cruzada acabou, muitos dos que haviam recebido cura nos mandaram seus testemunhos. Uma vez que muitas pessoas haviam experimentado milagres, ouvi dizer que muitas igrejas estavam sendo avivadas.

A cruzada teve mais de quinhentos mil participantes

durante três dias e terminou com sucesso. Seu impacto levou uma diplomacia não-governamental - políticos, empresários e membros da imprensa a visitar a Coréia continuamente.

No dia 15 de maio de 2005, o Vice-Presidente David Waisman e o antigo Vice-Presidente, Maximo San Roman, do Peru, foram ao culto de domingo em nossa igreja em Seul. Naquela época, o Vice-Presidente Waisman estava trabalhando na restauração da influência do Peru, ajudando o presidente Toledo; e o antigo vice, Maximo San Roman estava trabalhando duro em trabalhos socias para o bem do povo.

No ano seguinte, o Vice-Presidente David Waisman e sua esposa, juntamente com o Sr. Vicente Arce e a Presidente do Partido da Maioria do Peru, visitaram nossa igreja. Eles foram tocados pelo ministério da Manmin e se tornaram bons colaboradores. Depois da cruzada no Peru, o pastor Lázaro Jaeho Lee foi comissionado para um trabalho missionário na América Latina. Uma igreja foi estabelecida em Lima e hoje ele está em ação missionária através de cruzadas de lenços e das transmitidas por TV.

Selecionado como uma das Sete Maravilhas do Mundo

A Dra. Esther Kooyoung Chung tem despertado muitos pastores ao redor do mundo como Presidente do Seminário Internacional Manmin (M.I.S.). Ao mesmo tempo, ela também é a diretora do Departamento de Traduções e é responsável por administrar e supervisionar todas as obras de tradução da nossa igreja. É a antiga Presidente da Universidade de Mulheres de Seul, onde foi a Presidente mais jovem de uma universidade coreana. Em maio de 2007, fez uma viagem missionária para

Presidente da Universidade Nacional de San Antonio em Cuzco, apresentando o professorado honorário à Dra. Esther Kooyoung Chung

a América Latina, conduzindo Conferências para Pastores em vários países. Uma delas foi realizada em Cusco, no Peru.

Alguns pastores locais ouviram alguns falsos rumores de outros missionários coreanos e a conferência estava quase sendo cancelada, quando a obra de Deus foi feita e impediu que isso acontecesse.

O Presidente da Universidade Nacional de San Antonio, unidade de Cusco, ouviu falar da Sra. Chung e convidou-a para fazer a conferência em sua universidade. Além do mais, ele ainda participou do evento e estava ciente do ministério da Manmin.

A Dra. Chung havia chegado a Cusco depois de realizar uma conferência em Miami. Sua mensagem tinha o título de 'Leis espirituais: criação e ciência'. A conferência começou com

Conferências MIS (Seminário Internacional Manmin) despertando pastores de todo o mundo
(Em Honduras)

uma conferência de imprensa e continuou por dois dias. Foi transmitida ao vivo no CTC, que cobria todo o Estado de Cusco. O evento foi tão popular, que muitas pessoas pediram um vídeo dele.

Depois que a conferência acabou, o Presidente da Universidade Nacional San Antonio, unidade Cusco, deu à Dra. Chung um título honorário de professorado, que havia sido aprovado pelo governo peruano.

Ao mesmo tempo, a cidade de Cusco estava fazendo de tudo para que fosse selecionado como uma das novas Sete Maravilhas do Mundo. A escolha seria por votação por vários meios, como via Internet e telefone; mas o Peru tinha a desvantagem de não ter uma população significativa com acesso à Internet. Assim, a prefeita de Cusco pediu à nossa igreja que orássemos por esse problema, quando a Dra. Chung estava lá.

No segundo dia, a conferência foi realizada no hall de convenções da cidade de Cusco e, felizmente, a vigília de sexta estava acontecendo na igreja principal na Coréia. Quando eles pediram que orássemos, orei para que Machu Picchu fosse selecionado como uma das novas sete maravilhas do mundo. As autoridades de Cusco receberam a oração em tempo real, através de transmissão ao vivo, pela Internet.

No dia 7 de julho de 2007, o resultado da votação foi anunciado. Machu Picchu foi selecionado como uma das novas sete maravilhas, aumentando a atenção mundial sobre o Peru.

"Com as orações e apoio dos membros da Igreja Central Manmin, Machu Picchu pôde ser selecionado como uma das Novas Sete Maravilhas. Muito obrigado."

A Prefeita de Cusco, Marina Zequeiros, mandou essa mensagem para a nossa igreja com agradecimentos e uma placa em apreciação.

A Dura Batalha Contra a Doença e a Pobreza na República Democrática do Congo

A República Democrática do Congo é o terceiro maior país da África. Apesar de seus abundantes recursos naturais, é mergulhado em guerras civis e doenças endêmicas. O povo estava extremamente necessitado da palavra de vida e do poder de Deus. Por muitos anos havíamos recebido pedidos de pastores para fazer uma cruzada naquele país.

A notícia sobre o poder de Deus estava sendo espalhada por transmissões de TV, Internet e publicações. Recebemos, hoje, muitos pedidos de cruzadas, mas nunca decidi o lugar por conta própria. Fui somente aos países onde Deus disse para eu ir. Quando orei sobre a R.D. do Congo, Deus me respondeu que deveria fazer a cruzada no lugar em 2006 e que seria a última cruzada na África.

Apesar das perturbações do inimigo

À medida que o tempo para a cruzada se aproximava, ela era divulgada todos os dias pela TV nacional. O inimigo estava com medo do que estava para acontecer através desse evento e tentou atrapalhar-nos. As igrejas do país se dividiram em dois grupos. As igrejas evangélicas trabalharam conosco pela cruzada, mas não se davam bem com o outro grupo. Mais uma vez, havia pastores que tinham sido influenciados por missionários coreanos, que espalharam falsos rumores e, por isso, não cooperaram.

Além disso, havia alguns feiticeiros entre os assistentes do Presidente a R.D. do Congo, e eles não queriam ver uma cruzada cristã acontecendo em seu país. Algumas coisas absurdas foram reportadas ao Presidente, juntamente com alguns documentos falsificados que haviam chegado da Coréia.

"O Rev. Jaerock Lee está vindo aqui para aumentar sua influência."

"Isso não será bom para o Presidente. O senhor deveria impedir que o evento acontecesse."

As eleições gerais e presidencial foram agendadas para abril e junho. Havia muitas pessoas reportando coisas negativas ao Presidente, para que ele tivesse (e teve, naturalmente) pensamentos negativos sobre nós.

Seguindo a bondade

Um dia antes de eu sair da Coréia, recebemos um pedido do Ministro dos Esportes para mudarmos o local da cruzada no último dia. Como haveria uma partida de futebol muito importante no domingo, eles teriam de começar a preparar tudo no lugar, no sábado.

Mudar o palco de lugar no último dia foi muito difícil. Ele era grande e além dele ainda havia as luzes, as telas de vídeo, o sistema de som e tudo mais. Tudo isso deveria ser mudado de local, organizado e configurado novamente em apenas um dia.

O nosso contrato permitia que utilizássemos o 'State des Maryrs', que significa o 'Estádio dos Mártires', por três dias, mas a Palavra de Deus nos diz para dar, quando os outros nos pedem algo. Obviamente, dar tudo só porque os outros pedem pode não ser a coisa certa a se fazer o tempo todo, mas quando damos com um sentimento de bondade, Deus se agrada. Dessa maneira, falei para a nossa equipe que aceitasse o que eles estavam requerendo.

"Apenas dê o que for que lhe pedirem. Se insistirmos para que o contrato seja seguido, a pessoa que se esqueceu do grande evento e assinou o contrato conosco sofrerá repreensões e sofrerá. A providência de Deus deve estar nos fazendo mudar de local, no último dia."

Aceitamos o pedido deles e decidimos que realizaríamos a cruzada em algum outro lugar no terceiro dia. Queríamos fazê-la nas ruas ou em campos abertos, nos arredores do 'Boulevard Triomphal', ou 'Bairro do Triunfo', mas não foi fácil conseguir as permissões necessárias.

A única vez que eles haviam fechado as ruas tinha sido para um evento nacional para o Presidente e, além do mais, especificamente no terceiro dia da nossa cruzada, aconteceria um evento político importante de cunho nacional. Logo, era quase que impossível fechar as ruas que eram tão próximas do Parlamento.

Cruzada Unificada do R.D. do Congo

Um encontro marcante com o Presidente

No dia 15 de fevereiro de 2006, cheguei à R.D. do Congo e entendi por que os políticos estavam prestando tanta atenção na minha visita.

No último dia da cruzada, o governo estava fazendo uma cerimônia para mudar a constituição. A organização governamental foi toda transformada, inclusive a bandeira nacional. Tratava-se de um período delicado antes das eleições presidenciais, o que fazia com que eles não pudessem evitar de estar atentos ao nosso evento e em que ele poderia afetá-los.

No dia 16 de fevereiro, o primeiro dia da cruzada, fui convidado a ir ao palácio presidencial pelo Presidente Joseph

Kabila. Algumas pessoas tentaram impedir tal encontro, mas uma vez que Deus havia movido o coração daquele homem, o encontro foi miraculosamente marcado. Em uma conversa muito agradável, o Presidente Kabila soube que o conteúdo dos fatos que lhe haviam sido reportados eram bem diferentes da realidade. Ele percebeu que eu não havia ido ali com nenhum propósito político, mas pela paz e curas na R.D. do Congo. Ele se tornou, então, muito amigável para comigo.

"Por favor, orem para que as eleições gerais sejam pacíficas. Vocês estão tendo algum problema com a cruzada? Eu os ajudo", disse o Presidente.

"No terceiro dia da cruzada, teremos de mudar de local e o problema é que não achamos o lugar correto ainda," respondeu o Bispo Kienza, o diretor do comitê de organização da cruzada.

"Por que vocês não olham no outro ginásio?"

"O outro ginásio está em obras. Por favor, permita-nos que fechemos as ruas ao lado do Parlamento."

O Presidente aceitou nosso pedido e assinou os documentos necessários, logo depois que saímos de seu palácio. Aquilo só foi possível com sua autoridade.

No primeiro e segundo dias, mais ou menos cem mil pessoas se reuniram no estádio. Como o Presidente estava ocupado, não pôde comparecer, mas enviou sua irmã, a Dra. Janet Kabila, com o papel de primeira dama. O Vice-Presidente, o Sr. Bemba, e sua esposa também estavam presentes. Havia pessoas de outros países também.

Werasson, um cantor muito famoso e popular na África, compareceu ao evento e cantou para a glória de Deus. Depois da cruzada, ele veio até nós com sua família para receber oração. Ele tinha duas filhas, mas sua esposa já não conseguia mais engravidar há sete anos. Sob esse pedido, orei então para que eles tivessem

Encontro com o Presidente da R.D. do Congo, Joseph Kabila

um filho.

Essa cruzada foi transmitida pela TV Nacional do Congo e em outros canais seculares, para mais de cento e cinqüenta países, por meio de uns dez satélites. Deus curou muitas pessoas que sofriam de pobreza e doenças ao derramar Seu poder. Muitas pessoas testemunharam curas de AIDS e muitas subiram no palco, fazendo-nos até ficar preocupados com medo de que ele desmoronasse.

Uma multidão sem fim

No terceiro dia, uma grande multidão estava presente e era difícil enxergar seu fim. Estimou-se que ali havia aproximadamente quinhentas mil pessoas. Se não tivéssemos mudado de local, não teríamos sido capazes de acomodar todo mundo no estádio.

Devido ao grande número de pessoas ali, poderiam ter acontecido acidentes, mas sabendo de tudo isso, Deus nos guiou a um lugar maior.

Os cegos, mudos, aleijados, pessoas que precisavam de muletas para caminhar e outras com várias doenças como câncer e AIDS foram curadas rapidamente. Deus o fez através das obras de fogo do Espírito Santo, em nome de Jesus Cristo.

Havia um homem idoso chamado Masudi Lisongi Bosongo que era pescador. Tinha 64 anos de idade e ganhava a vida pescando. Como não conseguia enxergar bem por causa de catarata, usava óculos e sua única alegria era ouvir seu 'radinho'. Ele então ouviu falar sobre a cruzada, mas não conseguiu dinheiro de transporte suficiente.

Assim como a viúva deu suas duas moedas, que era tudo que ela tinha, ele vendeu seu rádio, sua única posse, por nove dólares e foi à cruzada. Deus aceitou com alegria sua obra de fé e o curou.

Ele testificou que um fogo subiu pela parte de trás do seu pescoço, indo para a cabeça e depois olhos. Ele recuperou sua visão e não precisou mais usar óculos.

Transmitindo para a África e todo o mundo via satélite

Comissionamos o Pastor Peter Kim para ir à R.D. do Congo como missionário. Em menos de um ano, desde o tempo da inauguração da igreja lá, mais de mil membros já estavam indo aos cultos de domingo.

O Bispo Paul Musafíri, o Ministro anterior, foi tocado na cruzada, se impressionou com o evento e foi visitar nossa igreja.

Hoje ele nos ajuda trabalhando ativamente na R.D. do Congo. Deixe-me apresentar sua carta:

"Quero cumprimentá-lo aqui da R.D. do Congo. Juntos acreditamos em Deus, que está com o Rev. Jaerock Lee, e confesso que Suas incríveis obras estão acontecendo aqui porque você orou por esse país.

Em janeiro de 2008, o tratado de paz foi assinado na parte oriental, depois de muitas batalhas. Fui comissionado para ir a Goma, na parte leste do país e fiquei ali por um mês – o que foi possibilitado por esse tratado. Também fui à conferência do Rev. Myong-do Cheong, o Arcebispo do continente africano e fui muito tocado pela mensagem.

Mesmo depois que o tratado de paz foi assinado, aqueles que se opõem a ele têm tentado causar confusão no país, espalhando maus rumores de leste a oeste, mas acredito que você ainda tem orado pela R.D. do Congo.

Escrevo, inclusive, especialmente para pedir que ore mais por nós. Peço para orar com amor pelo Presidente Joseph Kabila, pelos políticos e todo o Conselho Presidencial. Meu colega de trabalho, o Pastor Peter Kim, também está muito bem. Temos uma amizade maior do que a de irmãos de sangue ou membros de uma família e temos compartilhado o sonho e visão da Manmin.

Tem enfrentado muitas dificuldades em relação à polícia, por ser um missionário de fora, mas sempre as superou no nome do Senhor. Ele conseguiu um bom lugar para a construção de uma igreja e nossos membros têm tido muitos testemunhos para contar. Aproveito

para saudar todos os membros da Manmin também.
Bispo Paul Musafíri, seu filho fiel em Jesus Cristo."

O Aparecimento de uma Cruz

Quando iniciei a igreja, Deus nos deu a visão de Isaías 60:1: *"Levante-se, refulja! Porque chegou a sua luz, e a glória do SENHOR raia sobre você."* Desde então, as obras de fogo do Espírito Santo começaram a ir em direção ao mundo.

Deus nos deixou estabelecer a TV GCN (Global Christian Network) com o plano de fazer a luz da salvação brilhar para todos os povos ao redor do mundo. A transmissão do Evangelho de Cinco Bases começou a ser feita em Nova Iorque, EUA. Através da GCV, muitas emissoras de todo o mundo têm realizado seus ministérios com visões dadas por Deus.

A transmissão da GCN começou em Nova Iorque

Em maio de 2004, emissoras cristãs de oito países, incluindo os Estados Unidos, Reino Unido, Rússia e Austrália se uniram

Aparecimento da cruz sobre o Empire State Building

e fundaram a GNC. Não tínhamos nenhum especialista em transmissões, técnicos, ou recursos financeiros.

Tudo que fizemos foi investir fé através de orações. Depois de uma série de reuniões preparatórias, finalmente começamos nosso primeiro teste de transmissão no canal 17, na cidade de Nova Iorque, no dia 1º de setembro de 2005.

A sala de transmissão da GCN está localizada no Empire State Building, que está no centro dessa cidade. A fim de celebrar a nossa primeira transmissão, mais de vinte representantes de emissoras do mundo se encontraram ali.

Eles foram ao observatório do prédio por um momento para admirar a visão da cidade à noite e, naquela hora, alguém viu que de repente uma grande cruz havia aparecido no céu e brilhava intensamente. Os presentes estavam convencidos de que Deus agradou da TV GCN e assim mostrou um sinal. O Sr. Dan Wooding, um deles, escreveu o que testemunhou em um artigo e, junto com uma foto, colocou-o em um site na Internet. A GCN transmite programas cristãos 24 horas por dia com a colaboração da TV Manmin. Em pouco tempo se tornarão uma transmissora global. Seu foco é ressuscitar a vida dos telespectadores, guiando-os a ter um encontro com Deus e receber as soluções para seus problemas através de vários programas.

Casos de cura pela GCN

Recebemos muitas cartas de telespectadores da Coréia e de muitos outros países, dizendo que foram curados e que agora vivem nova vida assistindo à TV GNC. As obras de Deus que vão além das limitações do tempo e do espaço são feitas através da transmissão de TV. Esse trabalho tem levado muitas almas ao caminho da salvação.

Elizabeth Goodall é uma telespectadora da cidade de Nova Iorque. Ela disse que crê que Deus tem usado o Rev. Jaerock Lee para curar os enfermos, trazê-los ao arrependimento e guiá-los para o reino celestial. Goodall tinha um testemunho para contar e eis aqui um fragmento dele:

"Meu nome é Elizabeth Goodall. Meu abdômen e pés têm estado inchados desde 2005 e eu tinha um caroço debaixo da minha língua. Então coloquei o lenço que

Cerimônia de louvor da GCN

Culto de inauguração da GCN

vocês me enviaram em meu rosto e em minha barriga e, na manhã seguinte, vi que o caroço debaixo da língua havia desaparecido. Fui ver se meus pés e abdômen estavam inchados e eles não estavam. Agradeço a Deus pelo que Ele fez. Agradeço a vocês também."

9 de novembro de 2007,
Elizabeth Goodall

Um testemunho do Canadá diz o seguinte:

"Estava assistindo ao programa do Dr. Jaerock Lee pela televisão e queria saber se ele tem planos de vir ao Canadá. Moro perto de Ottawa e estava visitando meu marido, que está morando em NY. Ontem à noite, assistia ao GCN e quando o Dr. Lee orou pelos enfermos, fui curada. Sou enfermeira e passei a ter problemas com meus ombros no ano passado, por causa do movimento que fazia, ajudando pacientes. A dor era constante, mas depois da oração de ontem, ela desapareceu! Agora consigo levantar meus braços e mexer meus ombros. Louvado seja Deus! Deveria ter voltado para o Canadá hoje às 4h da manhã, mas não o fiz e não sei por que ainda estou aqui. Talvez Deus quisesse que eu falasse com você hoje."

29 de novembro de 2007,
Marie Lenie Saint Loth

WCDN, Uma Rede Global de Médicos

.

Uma organização foi formada a fim de esclarecer, através da medicina, os casos de cura divina. Em maio de 2004, a Rede Mundial de Médicos Cristãos – WCDN – foi estabelecida. Sua primeira conferência foi em Seul e a segunda em Chennai, Índia, em maio de 2005. Os participantes eram mais dequinhentos especialistas e muitos deles apresentavam casos de cura divina, no ponto de vista médico.

Conferências posteriores foram realizadas em Cebu, nas Flipinas, em 2006; em Miami, EUA em 2007; e em Trondheim, em Norway em 2008; em Kiev, na Ucrânia em 2009; em Roma na Itália em 2010; em Brisbane na Austrália em 2011; com profissionais da medicina, apresentando seus estudos de casos de curas divinas. Depois da conferência da Manmin, um artigo sobre ela foi publicado em um dos jornais diários da Coréia.

A 4ª Conferência Médica Cristã Internacional foi realizada no Hotel Hyatt em Miami, Florida, EUA, com o tema

3ª Conferência Médica Cristã Internacional em Cebu, nas Filipinas

"Espiritualidade e Medicina" nos dias 13 e 14 de julho de 2007 e reuniu mais de cento e cinqüenta doutores de quarenta países. No primeiro dia, 13 de julho, a Conferência foi aberta com os cumprimentos do Dr. Jaerock Lee, membro da diretoria da WCDN, na tela. Em sua mensagem, o Dr. Lee encorajou o público a não apenas curar as pessoas de suas doenças físicas, mas também a levar uma vida de apóstolo do Senhor, que dá às pessoas vida espiritual.

O Dr. Alvin Hwang, Presidente da WCDN e o Dr. Armando Pineda, diretor da WCDN dos EUA deram as boas-vindas aos médicos, pastores e distinguiram os convidados de acordo com o lugar de onde vinham. Depois, os médicos apresentaram casos

4ª Conferência Médica Cristã Internacional em Miami, EUA

de cura divina com o apoio de dados médicos, incluindo doenças como, Melanoma Maligno (pelo Dr. Mark Miller), Spina Bifida (pelo Dr. Brian Sanghoon Yeo), Pneumotórax Espontâneo (pelo Dr. Gilbert Yoonseok Chae), Pneumonia (pelo Dr. Junseong Kim), e dois casos de cura de Câncer de Mama (apresentados pelo Dr. Pancheta Wilson).

Judge Robert E. Newsom, de Sulphur Springs – localizada no nordeste do Texas – havia recebido um diagnóstico do hospital de câncer em Houston, dizendo que estava com melanoma. Os médicos dizem que o índice de mortalidade de pessoas com esse tipo de câncer é muito alto, mas ao invés de se submeter a uma radioterapia, Judge entregou esse problema a Deus. Ele pediu intensamente que Deus o curasse e muitos membros da Igreja Batista do Sul (igreja que freqüenta) também o fizeram. Quando foi re-avaliado, dois meses mais tarde, um milagre havia acontecido. O câncer de melanoma havia sido completamente curado. O Dr. William Mark Miller, que era o médico responsável por Newsom, falou ao público sobre sua cura, apresentando dados médicos que confirmavam o ocorrido.

O Dr. Chauncey W. Crandall IV, que trabalha na Clínica Cardiovascular de Palm Beach, em Palm Beach Gardens, na Flórida, fez sua dramática apresentação na sexta-feira, 13 de julho. Disse: "Tínhamos um homem de cinqüenta e três anos de idade na sala de emergência com um ataque cardíaco massivo, o qual operamos por mais de quarenta minutos, mas por fim declaramos que estava morto. Naquele momento, o Espírito Santo me disse: 'volte e ore por ele', e eu sentei perto do corpo e orei: 'Pai, Deus, clamo pela alma deste homem; ele não conhece a Ti como seu Senhor e Salvador, então ressuscita-o dos mortos agora, em nome de Jesus.' Foi incrível quando minutos depois, ao olhar para o monitor, uma batida de seu coração apareceu na tela de repente. Pouco depois, ele começou a mexer seus dedos das mãos, dos pés e depois começou a sussurrar palavras." O Dr. Chandall apresentou seu caso com dados médicos.

O Dr. João Youl Chun, antiga reitora da Faculdade de Medicina da Universidade de Kyunghee, apresentou o testemunho de cura de uma pastora do Taiwan, Pra. Chen Tsen Man, que havia sido curada na vigília de sexta da Igreja Central Manmin. Ela sofria de paralisia infantil desde os dois anos de idade e desde que sofreu um acidente de trânsito, quatorze anos atrás, tinha de usar uma bengala para apoiar-se. Recentemente, havia trocado a bengala por uma cadeira de rodas, devido às terríveis dores que sentia nas pernas. Entretanto, quando visitou a Igreja Central Manmin, foi curada através da oração do Rev. Jaerock Lee e passou a andar sem a ajuda de uma bengala ou cadeira de rodas.

Neste mundo moderno onde é difícil acreditar em Deus, por causa da prevalência de pecados e o desenvolvimento da ciência, a WCDN tem exercido um ministério para examinar de perto os casos de curas divinas, a fim de provar medicamente que a Bíblia é verdade e Deus é vivo.

O Fogo do Espírito Santo no Coração dos Estados Unidos

Depois que Deus permitiu que começássemos a transmissão da GCN, Ele nos levou a fazer uma cruzada em Nova Iorque. O Madison Square Garden é um lugar onde a maioria dos artistas de todo o mundo gostaria provavelmente de apresentar suas perfórmances.

Na providência de despertar os Estados Unidos e começar nossa missão em Israel, realizamos a Cruzada de Nova Iorque na Madison Square Garden, em julho de 2006. Como todos os agendamentos são feitos com um ou dois anos de antecedência, é extremamente difícil conseguir um lugar ali em cima da hora.

O ponto mais importante da cruzada em NY era o local. Era difícil conseguir um lugar para ela há apenas alguns meses de ela acontecer.

Enquanto tentávamos conseguir o melhor lugar, um grupo agendado cancelou seu evento na Madison Square Garden, nós entramos com os papéis para aprovação do nosso e a conseguimos. Foi pura graça de Deus.

Os Estados Unidos foram fundados sobre a fé dos puritanos. Era o país que mais enviava missionários pelo mundo. Hoje, todavia, com o Darwinismo e até a legalização dos homossexuais, parece estar distanciando-se de Deus.

As pessoas que se reuniram na Madison Square Garden ouviram atentamente as mensagens durante os três dias de evento e experimentaram as obras do Espírito Santo. Possuídos por espíritos malignos receberam libertação e muitos foram os que receberam cura de doenças incuráveis e deram seus testemunhos.

Obras de cura na Madison Square Garden

Maria Andrea Morang foi curada de AIDS. Havia sido hospitalizada várias vezes por causa de febres, dores de cabeça e vômitos. Seu corpo havia paralisado e ela não conseguia andar; sequer mexia as mãos.

Um mês depois da cruzada, nós a visitamos e testificamos que ela podia caminhar normalmente e vivia uma vida normal.

Uma outra pessoa foi curada de câncer na espinha. Ela possuía fraturas em seis pontos diferentes e disse que sentia como se seus ossos estivessem derretendo. Não conseguia ficar sentada por muito tempo e nem dobrar seu corpo, mas foi completamente curada na cruzada e os problemas em seus nervos desapareceram, possibilitando que ela caminhasse normalmente.

Seu médico disse que era algo inimaginável que ela pudesse voltar a andar, mas o poder de Deus a curou totalmente.

Mikhail foi curado de esquizofrenia que sofria há doze anos. Havia sido capturado por espíritos malignos e estava sempre deprimido. Tinha homofobia, medo de pessoas, e não conseguia

Cruzada em Nova Iorque (No Madison Square Garden)

sair de casa. Além disso, tinha fortes dores de cabeça e não conseguia levar uma vida normal. Não falava devido à forte medicação da qual fazia uso, mas se parasse de tomá-la tinha convulsões.

Na cruzada, ele foi completamente curado e se alegrou dizendo que continuaria seus estudos e viveria uma vida normal.

As pessoas que haviam sido curadas foram examinadas pelos médicos da WCDN. O Dr. Vitaliy Fishberg disse: "Essa cruzada mudou o curso inteiro da minha vida. As mensagens pregadas nos três dias foram a chave para resolver todos os tipos de problemas. Já estive em cruzadas de vários avivalistas famosos, mas nunca vi tantas pessoas sendo curadas por apenas uma oração do púlpito.

Ao fim dos três dias, recebi proclamações e placas de agradecimento da Assembléia de NY e do Conselho da cidade. Tudo que posso fazer é agradecer a Deus que me deixou pregar o evangelho em um país que primeiro pregou para a gente. Alguns pastores haviam tentado atrapalhar-nos nesse país também. Espalharam alguns documentos falsos em muitas igrejas, envolveram alguns membros da imprensa e tentaram boicotar a cruzada no Gardens.

Um dos pastores que mais havia se oposto à cruzada era de uma igreja de NY. Mais tarde ele teve de pedir para sair da igreja por causa de um incidente desfavorável e foi impedido de exercer seu ministério para sempre. Senti ao ouvir tal coisa.

Quando alguém faz algo que vai contra as obras do Espírito Santo, colherá o que plantou na terra, mas o julgamento que receberá na vida por vir será muito pior.

Alguns missionários coreanos têm trabalhado para atrapalhar a obra da nossa igreja. Quando nós tentávamos realizar cruzadas em muitos países, eles espalharam falsos rumores e documentos.

Mas, uma vez que a verdade fala por si, quanto mais tentavam atrapalhar nossas atividades, mais conhecidas as notícias sobre as cruzadas se tornavam. Por fim, seus esforços acabaram nos trazendo resultados ainda melhores. Vimos também que os pastores que trabalharam conosco em várias cruzadas pelo mundo receberam grandes bênçãos. Suas igrejas experimentaram o avivamento e eles passaram a ser mais firmes na fé. Suas posições e status também subiram.

O Começo da Missão em Israel

Desde 2000, Deus permitiu que pregássemos o evangelho em doze mega cruzadas e, no evento de NY em julho de 2006, colocou um fim temporário sobre elas. Ainda hoje recebemos muitos pedidos de cruzadas de países de todo o mundo. Sinto muito não poder respondê-los agora. É porque tenho uma missão em Israel.

"E este evangelho do Reino será pregado em todo o mundo como testemunho a todas as nações, e então virá o fim. Assim, quando vocês virem 'o sacrilégio terrível', do qual falou o profeta Daniel, no Lugar Santo — quem lê, entenda — então, os que estiverem na Judéia fujam para os montes." (Mateus 24:14-16).

Logo depois que abri a igreja, Deus me deixou saber que quando estivesse perto da segunda vinda do Senhor, o Grande

Dr. Mikhail Morgulis (Presidente do Movimento de Diplomacia Espiritual) conversando com um Rabi, no Muro das Lamentações

Santuário seria construído e obras missionárias continuariam na Coréia e em Israel. Ele também me fez saber que a Coréia do Norte se abriria por um período. Hoje sinto que esse dia está muito próximo.

Em julho de 2007 começamos nossa missão em Israel. Para pregar o evangelho aos judeus, precisamos do poder de Deus. O evangelho na verdade se originou em Israel, mas este povo o perdeu. Deus prometeu a Abraão, a Davi e a outros homens que Ele não abandonaria Seu povo – Israel.

A promessa de Deus deve ser cumprida e quem pregaria o evangelho em Israel? Jesus operou poderosas obras pregando a palavra, mas, ainda assim, eles não creram. Assim, hoje, alguém pode pregar o evangelho, mas, sem mostrar o poder de Deus, é bem difícil eles crerem.

Deus me disse o seguinte: *"Desperte-os com poder. Pregue o evangelho em nome de Jesus Cristo, e quando o cego enxergar, o surdo ouvir e o mudo falar, aqueles que são bons de coração crerão e aceitarão sua palavra. Entretanto, não serão todos que o farão."*

Ele diz que aqueles que ainda estão esperando pela vinda de seu Messias, buscam a Deus intensamente, e estão preparados por Ele. Esses serão os que abrirão seu coração e se arrependerão ao ver a manifestação do poder de Deus.

A Bíblia nos fala sobre a vinda do Senhor nos céus e sobre o arrebatamento do nosso corpo (1 Tessalonicenses 4:16-17). Seremos arrebatados nas nuvens e receberemos o Senhor. Aqui, os 'céus' não são os que conseguimos ver com olhos físicos, mas são o mundo espiritual. Deus dividiu o terreno espiritual em vários lugares.

Entre eles, o segundo céu é dividido entre a área da luz onde está o Jardim do Éden e a área da escuridão, onde os espíritos malignos habitam. Em um dos cantos do Éden está um lugar preparado para os sete anos de Banquete de Casamento. Quando o Senhor nos chamar no fim do período de cultivação humana, seremos arrebatados em um piscar de olhos.

Assim como um grande ímã puxa pedaços de metal, aqueles que são 'crentes trigo' serão transformados em corpos espirituais e receberão o Senhor nos céus. Enquanto estiverem desfrutando dos sete anos de banquete de casamento, os sete anos da grande tribulação estarão acontecendo na terra.

Tribulação depois do arrebatamento

O povo de Israel é o povo escolhido de Deus e estará em Sua providência até o fim dos tempos. Na Bíblia, sempre que o mundo estava cheio de pecado, punições vinham; por exemplo, fogo em Sodoma e Gomorra e inundação, nos tempos de Noé. Semelhantemente, quando o mundo estiver cheio de pecados, a um ponto de não poder haver mais perdão, o julgamento final virá. Os bons crentes serão arrebatados aos céus e essa terra passará pelos Sete Anos da Grande Tribulação, acompanhados por guerras e desastres naturais. É o começo da III Guerra Mundial e o 'fim' do qual a Bíblia fala.

Quando os discípulos perguntaram a Jesus sobre a vinda do Senhor e os sinais do fim dos tempos, Ele disse: *"Vocês ouvirão falar de guerras e rumores de guerras, mas não tenham medo. É necessário que tais coisas aconteçam, mas ainda não é o fim"* (Mateus 24:6).

Aqui, 'guerras' não se refere a um lugar específico. É algo que afeta todo o mundo. 'Guerras' e 'rumores de guerras' se referem à 1ª e 2ª Guerras Mundiais. Entretanto, isso não foi o fim, pois haverá a Terceira.

Apocalipse, capítulo 6, fala sobre os Sete Anos da Grande Tribulação, que acontecerão depois de sermos arrebatados aos céus, quando o Senhor voltar. Essa terra passará pela III Guerra Mundial durante esse período.

"Olhei, e diante de mim estava um cavalo branco. Seu cavaleiro empunhava um arco, e foi-lhe dada uma coroa; ele cavalgava como vencedor determinado a vencer". (Apocalipse 6:2).

Aqui, 'cavalo branco' se refere aos israelitas e 'seu cavaleiro' aos líderes que têm controle sobre o destino deles. O termo 'cavalo' simboliza autoridade, dignidade e também guerra. O povo de Israel possui o sentimento de ser o 'povo escolhido de Deus'.

Esse sentimento se tornou sua arrogância e teimosia, e eles estão constantemente em guerra com seus países vizinhos. É por isso que há sempre tensão no Oriente Médio. Desde que Israel foi re-estabelecida, muitos países árabes têm lutado contra ela, mas como dito, 'ele cavalgava como vencedor determinado a vencer', Israel continua vencendo.

Todavia, eles não venceram completamente. Isso significa que a batalha ainda está acontecendo e que haverá uma III Guerra Mundial. Assim como a I e a II, a III também terá uma ligação muito forte com Israel.

A III Guerra Mundial

"Quando o Cordeiro abriu o segundo selo, ouvi o segundo ser vivente dizer: "Venha!" Então saiu outro cavalo; e este era vermelho. Seu cavaleiro recebeu poder para tirar a paz da terra e fazer com que os homens se matassem uns aos outros. E lhe foi dada uma grande espada." (Apocalipse 6:3- 4).

Aqui, 'cavalo vermelho' se refere à Rússia e sugere que haverá um grande derramamento de sangue. Desde a queda da União Soviética em 1991, ela pareceu ter perdido o poder, mas mais uma vez a Rússia está se tornando um dos países mais fortes do mundo. No futuro, a Rússia se aliará à China e se tornará um dos maiores poderes mundiais.

À medida que a Rússia se fortalecer, exercerá maior influência sobre seus países vizinhos e isso se tornará uma fonte de conflitos. Durante os sete anos da grande tribulação, esses conflitos se tornarão em guerra entre raças, que não acabarão fácil, mas se tornarão cada vez maiores, e é por isso que o versículo diz: "e lhe foi dada uma grande espada".

A Rússia guerreará contra seus países vizinhos e terá conflitos entre raças, além de se envolver na Guerra do Oriente Médio com Israel. Então, como profetizado em Ezequiel, capítulo 38, as coisas se desenvolverão e desencadeará a III Guerra Mundial.

O significado de 'azeite e vinho'

Apocalipse 6:6 diz: *"e não danifique o azeite e o vinho!"* O 'azeite' se refere aos israelitas e o 'vinho' àqueles que creram no Senhor, mas não levaram uma vida cristã apropriada e, portanto, ficaram na terra e passaram pelos sete anos da grande tribulação.

O 'azeite' são as pessoas de Israel que podem receber a salvação mais tarde. Quer dizer que haverá alguns judeus que verão como as coisas acontecerão depois da segunda vinda do Senhor, perceberão que Jesus é o verdadeiro Messias e se arrependerão.

O 'vinho' simboliza as almas que caem na terra como o suco de uvas que flui e depois elas são colhidas. São pessoas que freqüentavam a igreja e eram crentes, mas tinham uma fé morta, sem obras. Aqueles que não são reconhecidos como possuidores de uma fé verdadeira não poderão ser arrebatados, quando o Senhor voltar.

E então quando eles ficarem na terra, como ficarão chocados! Alguns tentarão receber a salvação pelo martírio, ao não aceitar a marca da besta – 666.

Deus os manterá, até que o terceiro selo seja aberto (Apocalipse 6:5), e quando o tempo certo chegar, Ele lhes dará uma chance de receber a salvação, sendo mártires. É por isso que o versículo diz: *"e não danifique o azeite e o vinho!"* Isso, todavia, não significa que todos serão salvos através da tribulação. Significa que as dores e sofrimentos serão reduzidos, até que severas perseguições e martírios em grande escala comecem.

'Cavalo amarelo': União Européia

Apocalipse 6:8 fala sobre a União Européia que terá o papel principal na 3ª Guerra Mundial.

"Olhei, e diante de mim estava um cavalo amarelo. Seu cavaleiro chamava-se Morte, e o Hades o seguia de perto. Foi-lhes dado poder sobre um quarto da terra para matar pela espada, pela fome, por pragas e por meio dos animais selvagens da terra."

Aqui, 'cavalo amarelo' se refere às coisas que serão feitas através da União Européia UE. "Seu cavaleiro chamava-se Morte, e o Hades o seguia de perto." Isso se refere ao anticristo, o controlador da escuridão. Em um futuro próximo, o mundo terá três grandes poderes. Os Estados Unidos, como são a nação mais forte, têm promovido guerras, procurando seus próprios interesses na sociedade mundial.

Para manter os Estados Unidos sob controle, outros poderes se formarão: China e UE. O primeiro são os EUA. Terão desfrutado da posição como a nação mais forte do mundo por um longo tempo, mas perderão seu poder de pouco a pouco.

O segundo poder são os antigos estados comunistas, incluindo a China e a Rússia, e o terceiro a União Européia. Os países do Oriente Médio também tentarão fazer do petróleo uma arma para assumir o controle, mas são mais fracos que os três grupos citados.

Depois que os crentes forem arrebatados, o mundo cairá em caos extremo. Mesmo não crentes, saberão que o Senhor Jesus voltou. Terão medo e pensarão: "Era verdade; o que fazemos agora?" Haverá também desastres naturais, doenças e uma intensa inflação, já que o mundo estará em desordem.

Enquanto isso, cada um dos três grandes poderes tentará assumir o controle, e especialmente a UE, que se levantará como o poder mais forte, será controlada pelo anticristo.

À medida que a confusão crescer, as pessoas desejarão uma liderança mais forte a fim de conseguir ordem em suas sociedades. Dessa forma, a União Européia ganhará facilmente mais poder. No começo dos Sete Anos de Tribulação aumentará seu poderio militar, que será baseado em um sistema sofisticado e em sua riqueza.

Dessa forma, unirão não apenas os países europeus com seu sistema, mas todas as partes do mundo.

Dirão: "Se não utilizarem nosso sistema, alcançarão estabilidade e desfrutarão dos benefícios conosco." Entretanto, se qualquer país não se deixar levar por suas palavras enganosas, será atacado e destruído. Suprimentos de comida e outras necessidades estarão sob controle absoluto dessa união.

Computador – a besta da terra

Agora, o que significa: *"Foi-lhes dado poder sobre um quarto da terra para matar pela espada, pela fome, por pragas e por meio dos animais selvagens da terra."*?

A 'espada' significa poder militar e a 'fome' significa que

haverá fome e alta inflação, mas a União Européia aproveitará a oportunidade e acumulará ainda mais dinheiro.

"Por pragas e por meio dos animais selvagens da terra" significa que eles perseguirão e imporão restrições a quem não aderir ao seu sistema. "Animais selvagens da terra" se refere aos 'computadores'. A UE introduzirá seu sistema com supercomputadores que vão conter os dados de todas as pessoas da terra. Computadores controlarão a vida humana e observarão.

Para controlar todo mundo, forçarão as pessoas a receber a marca da besta, que é um código de barras, em sua mão direita ou na testa. Através dela o controle total sobre os seres humanos poderá ser tomado pelo anticristo. As informações pessoais de cada indivíduo serão contidas em seu código e esse poderá ser rastreado aonde quer que for.

No começo, eles apenas recomendarão que as pessoas adotem seu sistema, mas na metade dos Sete Anos da Grande Tribulação, passarão a forçar todos a receber a marca da besta. Quem se recusar, será condenado como 'elemento perigoso para a estabilidade da sociedade'. A partir daí, as pessoas que não tiverem a marca começarão a ser martirizadas.

Receber a marca da besta durante a tribulação é cooperar com o poder do anticristo e adorar seus ídolos. É o mesmo que negar o Senhor.

Aqueles que desejarem manter sua fé tentarão não receber a marca, mas o anticristo não permitirá que isso aconteça. Sua equipe rastreará e torturará todas elas de várias formas e ameaçá-las-á para receberem a marca da besta. Só depois de superarem torturas e crueldades e se tornarem mártires, elas receberão a 'mera salvação'.

Depois da colheita, o agricultor procura por qualquer grão que possa ter caído no chão. Da mesma maneira, Deus dá a essas pessoas outra chance, apesar da cultivação humana ter sido finalizada. Dessa vez, todavia, não será fácil provar que possuem fé.

Deverão superar torturas, fome e ameaças. Para serem reconhecidas por sua fé quando as profecias da Bíblia já tiverem sido cumpridas, as pessoas terão de provar que crêem usando algo ou uma circunstância maior.

O maligno fará o anticristo se importar em levar cada pessoa para o inferno. É por isso que eles torturarão os crentes com técnicas realmente difíceis de suportar, para que eles possam negar o Senhor. Quando um crente não O negar, trarão os membros de sua família ou seus filhos e os torturarão em sua frente.

Se o crente desistir, terá de receber a marca da besta. Sabe que sofrerá no fogo do inferno para sempre, se negar Jesus, mas a dor foi muita para conseguir suportar.

Nessa era, o Espírito Santo já terá sido retirado da terra. Não será fácil suportar as dores até a morte, só com a força de vontade.

Hoje estamos vivendo um tempo em que a vinda do Senhor está muito próxima. Deveríamos ser capazes de discernir o tipo de fé que devemos ter, para adornar a nós mesmos como noivas do Cordeiro.

O Grande Santuário, Um Símbolo de Vitória na Cultivação Humana

Logo depois da abertura da igreja, o Senhor me deu a visão da missão mundial e da construção do Grande Santuário. Em julho de 1984, estava orando e jejuando com a igreja por um novo santuário e Ele me deixou saber detalhes sobre o nosso dever no fim dos tempos, e sobre a construção do Grande Santuário.

"Servo meu, antes de Eu voltar, deixarei que construa o Grande Santuário através das mãos de todos os povos da terra. Quando você disser que está construindo um santuário, aqueles que não entenderem o coração de Deus e não tiverem fé dirão: 'Por que gastar tão grande quantia de dinheiro construindo uma edificação ao invés de ser em obras missionárias?'

Ele será construído com os melhores e mais lindos materiais que há na humanidade. Você não o construirá por sua própria força; você será conhecido em todo o mundo e os reis das nações também estarão diante de você.

Quem tiver habilidades lhe oferecerá, quem tiver sabedoria, lhe oferecerá; e quem tiver ofertas, dará ofertas. Não haverá insuficiência, mas abundância. As pessoas constroem lindos prédios para o homem e para o maligno, mas não têm construído nada para Deus."

Quando a igreja tentar construir um grande e magnífico santuário, alguns dirão: "Não é melhor gastar esse dinheiro todo com missões e obras de caridade? Por que gastar tanto com a construção?"

Nesse mundo, há muitas edificações caríssimas construídas para entretenimento e prazer do homem. Entretanto, depois do Templo de Deus, construído por Salomão, nunca houve uma construção como um real Templo de Deus.

Quando Salomão construiu o Templo de Deus, Deus lhe fez saber todos os detalhes como o tamanho, a estrutura e até os artigos que ali seriam utilizados. Salomão comprou boa madeira, ouro, prata e outros materiais preciosos de seus países vizinhos e fez com que a edificação tivesse até mesmo as pequenas coisas em ouro, para que ele ficasse ainda mais lindo e imponente.

Formato de uma coroa

Deus deu a Moisés visões e revelações quando ele fez o tabernáculo e também lhe deu detalhes sobre o Grande Santuário. Em geral, possui uma forma circular, que significa que o universo é infinito.

Para revelar a glória e a dignidade de Deus, o Grande

Grande Santuário

Santuário será o melhor e mais excelente na história da humanidade. A altura será de setenta metros, do subsolo à torre da cruz; e seu diâmetro será de seiscentos metros. Apenas um ornamento mostrará a beleza e o poder de Deus. Ele também terá a glória da cidade de Nova Jerusalém e expressará as obras da criação de Deus.

Na linha de fora do santuário haverá doze grandes pilares de mármore, que simbolizam os doze fundamentos de pedras preciosas da Nova Jerusalém. Cada pilar terá esculturas de flores ao seu redor e no centro de cada flor haverá uma das pedras preciosas das presentes nos doze fundamentos.

Entre cada pilar será colocado um grande portão como o portão de pérolas da Nova Jerusalém. Cada um deles terá duas grandes esculturas de anjos. Também entre os doze grandes pilares haverá sete pilares menores, cada um com esculturas que expressem cada dia de trabalho da criação.

O primeiro pilar, por exemplo, será decorado de uma maneira que possua as cores do arco-íris intensas a fim de mostrar a criação da luz. O sexto pilar terá esculturas de vacas, ovelhas ou outros animais e Adão e Eva.

O púlpito do Grande Santuário irá girar e o telhado abrirá e fechará em forma de cruz. As cadeiras terão monitores de vídeo individuais e todas as suas instalações e equipamentos terão tecnologia de ponta.

Visto de cima, o Grande Santuário parece uma coroa. Assim como o vencedor recebe uma coroa de flores, esse formato simboliza que a cultivação humana terá fim com a vitória de Deus.

Deus quer construir o Grande Santuário através de Seus filhos que têm cultivado santidade de coração, que são templos santos. Ele nos deu um evangelho de santidade baseado em cinco pontos para nos livrar de todas as formas de maldade e para limpar nosso coração neste mundo cheio de pecados.

Como nossa igreja está tentando se livrar do pecado e se santificar, a ponto de derramar sangue, muitos membros estão crescendo espiritualmente e atingindo o nível de espírito completo na graça especial do Senhor. Deus planejou tudo de maneira que, aqueles que se prepararem como noivas do Senhor, dessa maneira O receberão em Sua segunda vinda, no Grande Santuário.

Deus tem nos mostrado arco-íris circulares como um sinal de que Ele está conosco e que nós construiremos o Grande Santuário. Vemos arco-íris circulares sobre a Manmin ou em seus campos missionários pelo mundo com bastante freqüência.

Deus já permitiu que eu visitasse Dubai e outros países no Oriente Médio várias vezes, para a construção do Grande

Santuário. Ele permitiu que eu fizesse amizade com os maiores empresários em cada um deles e que mais de oito mil igrejas ao redor do mundo já estejam participando do ministério da Manmin, como o fruto da missão mundial que temos feito até agora.

Até que preguemos o evangelho até os confins da terra, construamos o Grande Santuário que contém profunda providência de Deus e recebamos a segunda vinda do Senhor Jesus, minhas orações e ministério continuarão sem cessar.

Epílogo

Como uma árvore olha para o céu
Estabelecendo sua profunda raiz entre o solo,
Não apenas sobre a luz do sol
Mas também sob tempestades, ventos e frios orvalhos.

Passei os últimos vinte e seis anos,
E à medida que ajoelhava para orar olhando para o céu,
O amor de Deus me guiou
A níveis mais profundos em espírito;
Ele abriu o portão
Do terreno espiritual de nova dimensão.
A providência do fim dos tempos tem continuado.

Poderia ter marchado
Por causa do Deus de verdade,
Que está sempre lá e
Que não tem sombra de variação.
Apesar de ter havido pessoas

Que mal entenderam as obras de Deus

Ou tinham inveja,

E que espalharam falsidade,

Eu apenas oro a Deus sozinho,

Para que a verdade seja sempre revelada na história.

Falei de um pouco das coisas do meu coração

Que eu não pude falar antes.

Confesso que todo o conteúdo deste livro

É a verdade em si

Da qual não me envergonho de maneira nenhuma.

História Pessoal
e da Igreja

04. 1943. Nascido como último filho entre outros três irmãos e três irmãs, tendo Chabeom Lee como pai e Gamjang Cho como mãe. (Shinkil Ri, Heje Myeon, Muan Goon, província de Cheonnam)

02. 1956 Formatura de Elementary School (equivale aproximadamente à 4ª série no Brasil), na escola Boonhyang, na província de Cheonnam.

02. 1959. Formatura de Middle School (equivale aproximadamente à 8ª série no Brasil) na escola Songjung, na provícia de Cheonnam.

02. 1962 Formatura de High School (equivale aproximadamente ao Ensino Médio no Brasil) na escola Dan-guk Industrial, em Seul.

09. 1964 Saiu da Faculdade de Engenharia, Hanyang University.

04. 1967 Completou o Serviço Militar.

01. 1968. Casou com sua esposa, Boknim Lee, e passou mal por ter bebido demais na festa de inauguração de sua casa.

11. 1970. Primeira filha, Miyoung Lee, nasceu. Saiu da empresa de jornal devido à perda de audição.

10. 1972 Segunda filha, Mikyung Lee, nasceu.

04. 1974 Teve experiências com o Deus Vivo no altar da Hyun Shin Ae e aceitou ao Senhor.

11. 1974 Foi ao Encontro de Avivamento na Igreja em Sungdong, em Oksu Dong e começou como uma verdadeira vida cristã.

08. 1975 Terceira e última filha, Soojin Lee, nasceu.

03. 1979 Aceito no Seminário Teológico Santidade.

07. 1982 Abertura da Igreja Manmin.

02. 1983 Formatura do Seminário Teológico Santidade.

05. 1986 Consagrado pastor

06. 1987 Teve seu testemunho dramatizado e transmitido por um mês pelo Sistema de Transmissão Cristã (CBS).

1990. Teve seus sermões transmitidos em bases regulares da FEBC, Asia Broadcasting, e Washington Christian Radio System.

05. 1990 Pregou a mensagem na Cruzada do Espírito Santo, realizada pela Missão Local de Yeongnam.

03. 1991	Pregou na Cruzada Abençoadora de Evangelismo em Daegu.
07. 1991	Fundação da União Coreana de Igrejas Santidade de Jesus.
03. 1992	Inauguração da Orquestra Nissi em um culto com o pregador Rev. Hyeonkyoon Shin. Conferência sobre 'Dimensões' para todos os membros da igreja com o título: Ouvir, ver e entender com o coração. Colunas são publicadas no jornal diário Hankook Ilbo Daily (Na Coréia e nos EUA).
05. 1992	Foi ao Café da Manhã da Oração Nacional.
08. 1992	Co-presidente da 'Cruzada de Evangelismo Mundial Espírito Santo 92'.
02. 1993	A Igreja Central Manmin é incluída entre as 50 maiores igrejas do mundo pela 'Christian World' dos EUA.
05. 1993	Acontece o 1º Encontro Especial de Avivamento de Duas Semanas com o Rev. Jaerock Lee.
08. 1993	Pregador na Cruzada de Evangelismo de Washington.
09. 1993	Pregador na Cruzada de Evangelismo de Los Angeles. Presidente Honorário da 20ª Celebração do Dia Coreano (Korean Day) em Korea Town, Los Angeles. Abençoou a Câmara de Los Angeles. Recebeu Cidadania Honorária do Condado de LA.
10. 1993	Sermões são publicados no Jornal Cristão – Christian Newspaper.
02. 1994	Mensagem de Encorajamento para a 6ª divisão do Exército Coreano, culto de inauguração da igreja Siloam.
05. 1994	Pregador na Cruzada Unificada de Washington e Baltimore. Inaugurou a presidência do Sistema de Rádio Cristão de Washington.
06. 1994	Pregou na conferência para os líderes de igrejas da Tanzânia e em um culto em uma igreja Pentecostal.
07. 1994	Abençoou a 'Cruzada de Evangelismo Mundial Espírito Santo 94 em Seul'. Nomeado Vice-Presidente da Associação Missionária Internacional de Suprimento de Bíblias.
09. 1994	Começo da Oração pelos Enfermos na Unidade de

	Resposta Automática – URA – telefônica.
11. 1994	Pregador na Cruzada Unificada de Ida, no Japão.
12. 1994	Palestra Especial no Centro de Treinamento de Avivalistas, uma instalação filiada ao Movimento de Evangelização da Nação.
12. 1994	Programa especial 'Renove-nos', gravado na Igreja Central Manmin, em comemoração ao 40º aniversário da CBS.
02. 1995	Recebeu a 149a Conferência de Todos os Pastores da Coréia' realizada pelo Grupo de Oração dos Pastores Coreanos.
03. 1995	Recebeu a Cruzada Unificada da Área de Seul, realizada pelo Movimento de Evangelismo da Nação. Sermões são transmitidos toda semana pela CBS.
04. 1995	Pregador na 'Convenção da Missão Mundial em Los Angeles de 95' realizada pela Associação de Evangelização Mundial.
05. 1995	Seus sermões são transmitidos pela CBS Chooncheon.
07. 1995	Fez uma oração especial na 'Cruzada Especial de Oração pela Nação' realizada pelo Movimento de Evangelização de Re-unificação da Nação, como Presidente permanente.
08. 1995	Visita a Chungwadae, a casa presidencial, como um membro executivo da Convenção de Jubileu de Re-unificação Pacífica, celebrando o 50º aniversário da independência da Coréia. Fez o relatório de progresso como Presidente Administrativo dessa Convenção Seus sermões são transmitidos pela Rádio Coréia de Nova Iorque, EUA.
09. 1995	Participou, como honorário, da 22ª celebração do Dia Coreano (Korean Day) na Korea Town, em LA.
10. 1995	Seus sermões são transmitidos em Daejeon pela FEBC O Centro Missionário da Manmin na África é estabelecido A Igreja Central Manmin participou do movimento de doação de sangue realizado pelo 'Movimento Pratique o Amor'.
11. 1995	Cruzada de Despertar de Mizpah para a prática do amor e do arrependiamento.

Colunas começam a ser publicadas regularmente na 'Christian Herald', uma revista cristã semanal dos EUA.

12. 1995   FEBC, 'Nossa Boa Igreja' programa gravado na Igreja Central Manmim.

02. 1996   Pregador na 'Conferência de Igrejas e Pastores Coreanos Unificados 96.

03. 1996   Nomeado co-presidente da Associação dos Promotores de Evangelismo.

04. 1996   Seus sermões são transmitidos pela CBS Daegu. Nomeado Vice-Presidente do Grupo Missionário da Copa do Mundo de 2002.

06. 1996   Inauguração do Centro Manmin de Bem-Estar.

07. 1996   Cruzada Abençoadora de coreanos na Argentina e Conferência de Pastores Locais.
14ª Conferência de Pastores
Apontado com uma das 'Pessoas que Influenciam a Coréia' por Joong-ang Daily

08. 1996   Inauguração do Santuário de Guro Dong.
Seus sermões são transmitidos pela Emissora Cristã em Vancouver, Canada.
Participou da Cruzada de Oração Unificada Coréia-Japão realizada pelo Grupo Missionário da Copa do Mundo de 2002.

09. 1996   Cruzada Unificada em Shinshu, Japão.

11. 1996   2o Show de Louvor para crianças que sustentam suas famílias, realizado pelo Centro de Movimento de Evangelização da Nação.

12. 1996   Começo de cultos de adoração simultâneos para todas as filiais Manmin.
Seus sermões são transmitidos semanalmente em Emissora Cristã na Filadélfia, EUA.

03. 1997   Seus sermões são transmitidos por uma emissora coreana em Nova Iorque.
Sermões transmitidos semanalmente por emissora coreana em Auckland, Nova Zelândia.

07. 1997   Nomeado Presidente Permanente da 'Cruzada Unificada de Evangelização da Nação 98'.

08. 1997	O Rev. Dan Marino, diretor da Academia Cristã de Parkway, EUA, visitou a igreja para fazer do avivamento um estudo de caso.
09. 1997	Grande Cruzada e Conferência de Pastores realizada pela Estação de Rádio Cristã de Washington. Pregador na Cruzada Unificada Coréia-EUA realizada pela Associação das Igrejas de Maryland.
10. 1997	2ª Conferência de Pastores na Argentina realizada pela Missão do Amor Argentina.
10. 1998.	Novo programa especial de Ano Novo na CBS 'Renovenos' – Cruzada de Testemunhos.
02. 1998	Encontro Especial de Avivamento para enfermos. Pregador na 'Cruzada Espírito Santo pela Salvação da Nação' realizada pela Associação Cristã Missionária Mundial de Avivamento'. Nomeado como presidente de operações da Cruzada Unificada de Evangelização da Nação.
03. 1998	Nomeado presidente administrativo da Associação de Promotores de Evangelismo. Pregador na Cruzada de Preparação Coreana para a Cruzada Missionária Internacional em Tóquio.
05. 1998	Recebeu a placa de apreciação da Missão Hosana pela contribuição ao desenvolvimento da organização missionária e da evangelização da nação. Oração na campanha contra a violência nas escolas, realizada pela Associação de Promotores de Evangelismo.
06. 1998	'6º Show de Caridade para o Evangelismo nas Prisões' realizado pela Missão Onesimus. 'Cruzada de Oração pela Salvação do País' realizada pela Associação Mundial de Evangelismo.
10. 1998	Culto de inauguração da Associação Missionária de Advogados Coreanos e Encontro de Oração pela Nação.
12. 1998	Show de Caridade para Deficientes Físicos, realizado pela Associação Amor Prático para a Nação. CBS Vision 21 – Movimento de Celebração do 44º aniversário da CBS.
04. 1999	Show de Louvor para crianças que sustentam suas famílias

no hall de shows da MBC.
'Não à violência nas escolas', realizado pelo Departamento de Promotores de Seul.

07. 1999 Nomeado presidente permanente da Associação Cristã Missionária Mundial de Avivamento.

02. 2000 Seus sermões são transmitidos na Estação de Rádio Gospel Internacional (AM 1503), em Vladivostok.

06. 2000 Seus sermões em inglês são transmitidos na Estação de Rádio Mabuhai (AM 1350) em Manila, Filipinas.

07. 2000 Pregador na Conferência de Pastores de 2000 e na Cruzada Unificada.
Obras de poder manifestadas na Unganda são transmitidas pela CNN.

09. 2000 Pregador na Cruzada unificada de Nagoya, Japão.

10. 2000 Pregador na Conferência de Pastores do Paquistão e na Cruzada Unificada.
S. K. Tressler, Ministro da Cultura, Esportes, Juventude e Turismo foram à vigília de sexta na Igreja Central Manmin.

01. 2001 A TV Manmin é inaugurada.

06. 2001 As obras do poder de Deus são manifestadas na RPN TV, Filipinas.
Pregador na Conferência de Pastores do Quênia e Cruzada Unificada.

09. 2001 Pregador na Conferência de Pastores das Filipinas e Cruzada Unificada.

07. 2002 Pregador na Conferência de Pastores de Honduras e Cruzada Unificada.

10. 2002 Pregador na Conferência de Pastores da Índia e no Festival de Curas Milagrosas.

02. 2003 Recebeu uma placa de apreciação da Associação de Igrejas de Los Angeles e da Ecumênica do Sul da Califórnia, pelo desenvolvimento da cooperação entre igrejas coreanas e americanas e por devotas obras evangelísticas.

11. 2003 Pregador na Conferência de Pastores da Rússia e no Festival de Curas Milagrosas.

05. 2004	Pregador no 12° Encontro Especial de Avivamento de Duas Semanas.
10. 2004	Pregador no Festival de Curas Milagrosas na Alemanha.
12. 2004	Pregador na Cruzada de Curas no Peru. Convidado a encontrar-se com o presidente Toledo no Palácio Presidencial.
05. 2005	Sr. David Waisman, Vice-Presidente of Peru, e o Sr. Maximo San Roman, Vice-Presidente anterior do Peru visitaram a Igreja Central Manmin.
09. 2005	GCN (Global Christian Network) começou suas transmissões.
10. 2005	23o Aniversário da igreja e celebração da inauguração da GCN.
02. 2006	Pregador no Festival de Curas Milagrosas na República Democrática do Congo. Encontrou-se com o presidente Joseph Kabila.
05. 2006	Dr. Mikhail Morgulis, diretor de organização da participação de eslavos, Cruzada de Nova Iorque, e o gerente administrativo, Pastor Mark Bazalev visitaram a Igreja Central Manmin.
06. 2006	A 3a WCDN (World Christian Doctors Network) Conferência Médica Cristã Internacional é realizada nas Filipinas.
07. 2006	Pregador na Cruzada de Nova Iorque de 2006. O evento foi transmitido e re-transmitido a mais de 200 países. Recebeu proclamações e placas de agradecimento da Assembléia do estado de Nova Iorque e da Câmara Municipal.
02. 2007	Participou da 64° Convenção e Exposição da NRB.
04. 2007	MIS (Manmin International Seminary) – Conferência de Pastores na América Latina.
07. 2007	4a Conferência Médica Cristã Internacional.
10. 2007	25o Aniversário da Igreja e 2o aniversário da GCN.
11. 2007	Conferência Médica Cristã Internacional do sudeste asiático realizada pela WCDN.
03. 2008	Participou da 65ª Convenção e Exposição da NRB e da 9ª

da FICAP.

04. 2008   Livros Urim participa da 14ª Feira Internacional de Livros de Seul.

05. 2008   É realizada a 5ª Conferência Médica Cristã Internacional WCDN Trondheim of Norway.

10. 2008   26º Aniversário da Igreja e 3º Aniversário da GCN.

11. 2008   Seminário para Pastores e Cruzada de Cura com o Lenço realizados em Chennai, na Índia, pelo pastor Mikyung Lee

01. 2009   4º Aniversário da Missão Refúgio Norte Coreano.

02. 2009   Participou da 66ª Convenção e Exposição da NRB.
Seminário para Pastores e Cruzada de Cura com o Lenço realizados nas Filipenas pelo pastor Mikyung Lee.

03. 2009   Participou da 10ª Convenção e Exibição FICAP.

04. 2009   Seminário para Pastores e Culto de Cura com o Lenço realizados no Pasquistão pelo pastor Taesik Gil.

06. 2009   Seminário para Pastores e Cruzada de Cura com o Lenço realizados no Vietnã pelo pastor Rainbow Lee.

07. 2009   Praia das Águas Doces de Muan e Culto de Consagração da Piscina.

09. 2009   Pregador na Cruzada Unificada em Israel de 2009, cujo tema foi "Deus é Grande".

10. 2009   27º Aniversário da Igreja e 4o Aniversário da GCN.

11. 2009   6ª Conferência Médica Cristã Internacional WCDN é realizada em Kiev, na Ucrânia.

02. 2010   Participou da 67ª Convenção e Exposição da NRB.

03. 2010   Participou da 11a Convenção e Exposição FICAP.

05. 2010   7ª Conferência Médica Cristã Internacional WCDN é realizada em Roma, na Itália.

07. 2010   4o Acampamento 'Mensagem da Cruz' realizado na Finlândia.

O Autor:
Dr. Jaerock Lee

Dr. Jaerock Lee nasceu em Muan, Província Jeolla Sul, República da Coréia do Sul, em 1943. Aos vinte e poucos anos, Dr. Lee já sofria de várias doenças incuráveis, e por sete anos seguidos esperou a morte sem esperança de recuperação. Um dia, durante a primavera de 1974, foi levado por sua irmã a uma Igreja e, quando se ajoelhou para orar, o Deus vivo imediatamente o curou de todas as suas enfermidades.

Desde o momento em que Dr. Lee conheceu o Deus vivo através daquela incrível experiência, ele O amou com todo o seu coração e sinceridade e, em 1978, foi chamado para ser servo Seu. Ele orava fervorosamente para que pudesse entender claramente a vontade de Deus, obedecê-la e cumpri-la totalmente. Então, em 1982, ele fundou a Igreja Central Manmin, em Seul, Coréia do Sul, one inúmeras obras de Deus como curas milagrosas e maravilhas tem acontecido.

Em 1986, Dr. Lee foi consagrado pastor na Assembléia Anual da Igreja Sungkyul da Coréia e, quatro anos depois, em 1990, seus sermões começaram a ser transmitidos na Austrália, Rússia, Filipinas e muitos outros lugares pela Empresa de Transmissão do Extremo Oriente, Estação de Transmissão Asiática e pelo Sistema de Rádio Cristão de Washington.

Três anos depois, em 1993, a Igreja Central Manmin foi escolhida uma das "Cinquenta Maiores Igrejas do Mundo" pela revista *Christian World* (EUA) e o Dr. Lee recebeu o Doutorado em Divindade Honorário da Faculdade de Fé Cristã, na Flórida, Estados Unidos. Em 1996, tornou-se P.H.D em Ministério pelo Seminário Teológico de Kingsway, Iowa, nos Estados Unidos.

De 1993 em diante, e Dr. Lee tem liderado as missões mundiais com várias cruzadas internacionais, como na Tanzânia; Argentina; Los Angeles, City of Baltimore, Havaí e Nova Iorque, nos Estados Unidos; Uganda; Japão; Paquistão; Quênia; Filipinas; Honduras; Índia; Rússia; Alemanha; Peru; República Democrática do Congo; e Israel. Em 2002, foi chamado de "pastor global" pelos maiores jornais cristãos da Coréia, devido aos seus diversos trabalhos internacionais.

Conforme dados de Fevereiro de 2012, a Igreja Central Manmin é uma congregação de mais de 120.000 membros, com 10.000 congregações espalhadas pelo país e pelo mundo. Até hoje, já formou mais de 137 missionários e os enviou a 23 países, como os Estados Unidos, Rússia, Alemanha, Canadá, Japão, China, França, Índia, Quênia e muitos outros.

Até hoje, o Dr. Lee já escreveu 64 livros, incluindo os Best Sellers *Experimentando a Vida Eterna antes da Morte; Minha Vida Minha Fé I & II; A Mensagem da Cruz; A Medida da Fé; Céu I & II; Inferno e O Poder de Deus.* Suas obras foram traduzidas para mais de 73 línguas.

Suas colunas cristãs estão nos jornais *The Hankook Ilbo, The JoongAng Daily, The Dong-A Ilbo, The Munhwa Ilbo, The Seoul Shinmun, The Kyunghyang Shinmun, The Hankyoreh Shinmun, The Korea Economic Daily, The Korea Herald, The Shisa News,* e *The Christian Press.*

Dr. Lee é atualmente líder de várias organizações missionárias e associações cristãs, como a Igreja Coreana Unida Santidade de Jesus Cristo (presidente), Missão Mundial Manmin (presidente permanente), Missão de Avivamento Mundial Cristianismo (fundador), Rede Global Cristã (GCN) (fundador e presidente), Rede Mundial de Médicos Cristãos (WCDN) (presidente), e Seminário Internacional de Manmin (MIS) (presidente).

Céu I & II

Um esboço detalhado dos ambientes maravilhosos que os cidadãos do céu desfrutam e as lindas descrições dos diferentes níveis dos reinos celestiais.

A Mensagem da Cruz

Uma poderosa mensagem para despertar todas as pessoas que estão dormindo espiritualmente. Nesse livro podemos ver porque Jesus é o único Salvador e encontrar o verdadeiro amor de Deus.

Inferno

Uma mensagem profunda de Deus, que não deseja que nem uma alma sequer vá para as profundezas do inferno, a toda a humanidade! Você descobrirá coisas nunca antes reveladas sobre a cruel realidade do Ades e do inferno.

Minha Vida Minha Fé I

Uma história comovente de como a fé verdadeira supera todo tipo de tribulação e atrai as obras de fogo do Espírito Santo na igreja.

A Medida da Fé

Que tipo de lar celestial, coroa e recompensa estão preparados para você no céu? Esse livro fornece, com sabedoria, meios para você medir sua fé e cultivá-la de modo a torná-la melhor e mais madura.

www.ingramcontent.com/pod-product-compliance
Lightning Source LLC
Chambersburg PA
CBHW061555120626
46550CB00004B/1500